KB126456

독서를 통한 삶이 변하는 기적

히어로 이펙트
(Hero Effect)

와일드북

와일드북은 한국평생교육원의 출판 브랜드입니다.

독서를 통한 삶이 변하는 기적 히어로 이펙트(Hero Effect)

초판 1쇄 인쇄 · 2024년 05월 15일
초판 1쇄 발행 · 2024년 05월 20일

지은이 · 최영웅
발행인 · 유광선
발행처 · 한국평생교육원
편 집 · 장운갑
디자인 · 박형빈

주 소 · (대전) 대전광역시 유성구 도안대로589번길 13 2층
           (서울) 서울시 서초구 반포대로 14길 30(센츄리 1차오피스텔 1107호)
전 화 · (대전) 042-533-9333 / (서울) 02-597-2228
팩 스 · (대전) 0505-403-3331 / (서울) 02-597-2229

등록번호 · 제2018-000010호
이메일 · klec2228@gmail.com
instagram @wildseffect

ISBN 979-11-92412-66-5 (13190)
책값은 책표지 뒤에 있습니다.

독서를 통한 삶이 변하는 기적

히어로 이펙트
(Hero Effect)

최영웅 지음

와일드북
WILDS

왜 '히어로 이펙트(HERO Effect)'인가

'난세에 영웅이 나온다.'라는 말이 있다. 영웅은 평화로운 순간에 나타나지 않는다. 어렵고 힘든 세상 속에서 영웅은 탄생한다. 나는 군인으로서 이순신 장군을 진정한 영웅으로 생각한다. 나라를 잃을 위기의 순간에서 그는 나라를 지켜내며 영웅이 되었다. 참혹한 시대, 역경과 고난의 세상에서 영웅이 되었다.

우리의 삶 속에도 역경과 고난이 찾아온다. 방황하고 흔들리는 시기가 있다. 만약 당신이 그런 상황에 있다면 그것은 기회일 수 있다. 난세에 영웅이 나오듯이 방황과 고난의 시간에는 삶을 바꿔줄 무언가와 만날 수 있는 시간이다. 이 책을 만난 순간 여러분의 삶에 한 줄기 희망, 삶 속의 히어로(Hero)를 만날 기회를 얻는 것이다.

독서를 통한 삶이 변하는 기적. 이 책에서 처음부터 끝까지 내 삶 속에서 독서로 인해 일어난 기적 같은 변화를 이야기할 것이다. 책이 어떻게 삶을 바꿔주는지, 어떻게 책을 읽을 것인지, 책을 읽고 무엇을 해야 기적이 찾아올지, 그 모든 것을 말하려 한다. 책은 나에게 히어로(HERO)였다. 방황의 시간 속에 찾아온 희망이며, 삶을 바꿔준 영웅이었다.

내 이름이 영웅이다. 그러나 그 이름값을 하지 못하고 살아왔다. 이름의 무게에 눌려 부담을 가지고 살아왔다. 하지만 책이라는 삶의 '히어로(HERO)'를 만나 삶은 180도 달라졌다. 책이 준 효과 (Effect)를 알리기 위해 히어로의 알파벳 4글자로 책의 주는 효과를 말하고자 한다. 그것이 히어로 이펙트(HERO Effect)이다.

독서는 'Hope'(희망)이다. 읽으면 읽을수록 삶이 변화하는 것을 느끼게 된다. 그러면서 차츰 희망이 보인다. 희망의 작은 불씨를 만나면 활활 타오르게 만들어줄 땔감을 찾고자 또 다른 독서로 이어진다. 희망의 불씨와 만나게 될 것이다.

독서는 'Evolution(발전)'을 가져온다. 나도 모르는 사이에 조금씩, 천천히 더 넓은 세상으로 나아가는 길을 안내해 준다. 길을 걸어가는 걸음걸음 속에서 느끼게 될 변화와 발전은, 그 어떤 경험보다 경이롭다. 믿고 따라오라.

독서는 'Reborn(다시 태어나다)'이다. 그동안의 삶을 벗어나 다시 살게 되는 변화를 준다. 그 경험과 방법을 이 책에 담았다. 나는 다시 태어났다. 과거의 어둡고 방황하던 삶에서 찬란하고 자신감 넘치는 삶으로 변화했다. 그 과정이 궁금하지 않은가.

독서는 'Open mind(열린 마음)'이다. 닫혀있는 마음의 문을 열고 세상으로 나오게 이끌어준다. 힘들고 고통스러운 상황일수록 책을 읽어야 하는 이유다. 수용소에서도 책을 읽고 글을 쓰며 희망을 얻어 전 세계에 이름을 알린 이가 있다. 같은 상황에서 닫힌 마음으로 죽음의 길로 가버린 이름 없는 이들도 있다. 어떤 삶을 살고 싶은가.

당신의 삶 속에 독서라는 히어로(HERO)가 찾아왔다. 이 책을 읽으며 당신은 새로운 마음가짐을 갖고 삶을 살아가게 될 것이다. 만약 지금 힘들고 괴로운 상황이라면 더없이 좋은 기회다. 그런 당신을 위해 이 글을 썼기 때문이다.

방황하는 청춘들에게 희망이 찾아오기를 바라며

학창 시절 내게 사춘기는 금세 지나쳐 갈 것으로 생각했다. 사관학교를 졸업하고 장교라는 직업으로 살게 된 이후에도 방황은 계속되었다. 몸은 성인이 되었지만 마음은 여전히 학창 시절에 머물러 있었다. 내가 좋아하는 것이 무엇인지, 살아가는 목적과 목표가 무엇인지 고민해 보지 않았다. 그저 흘러가는 대로, 다른 사람이 만들어놓은 길만 따라가며 흘러가듯 살았다. 그 방황의 길은 30살까지 이어졌다.

30살이 되어서도 내 삶의 주인으로 살지 못했다. 인생을 주도하지 못하고 끌려다녔다. 결혼을 하고 한 아이의 아빠가 되었다. 가장이 되었기에 정신 차리고 살아야겠다고 마음먹었다. 그 순간 건강에 적신호가 울렸다. 십자인대 파열이라는 심각한 부상으로 군인의 길을 계속해야 할지 깊은 고민에 빠졌다. 이제야 제대로 된 삶을 살고자 마음먹었는데 절망스러웠다. 역시 이번 생은 틀린 것인가 싶었다.

절망의 순간 내 삶의 히어로(HERO), 독서를 만났다. 절망은 오히려 기회가 되었다. 인생의 가장 밑바닥에 와있다고 생각한 순간에 꿈을 꾸게 되었다. 눈앞의 일만 보고 살아왔던 내가 먼 미래를 상상하고 꿈꾸게 되었다. 말도 안 되는 변화였다. 책 한 권 읽지 않고 살아왔던 내가 독서 강연자가 되었다. 책을 읽으면 읽을수록 불가능한 일들이 현실이 되었다.

이런 삶의 변화를 나만 알고 싶지 않았다. 어느 순간인지 모르겠지만 내 이야기를 책으로 쓰고 싶어졌다. 작가라는 직업을 내 이름 앞에 붙여보고 싶었다. 그리고 지금 그 꿈을 현실로 이루려고 글을 쓰고 있다. 이 또한 막연한 상상이었다. 그런 내가 책의 프롤로그를 쓰고 있음에 감사하고 놀라울 따름이다.

책을 읽는다고 삶이 변할까 하고 의심할지 모른다. 당연하다.

나 또한 믿지 않았다. 이제는 당당히 말할 수 있다.

"그냥 일단 한번 해봐!"

내 젊은 날처럼 방황하고 있을 청춘들에게 감히 자신 있게 권한다. 이것저것 고민하지 말고 일단 시작해 보자. 의심하고 고민할 시간에 한 줄의 글이라도 읽으면 고민의 해결은 그만큼 빨라진다.

이것저것 해봐도 인생에 정답이 보이지 않는다면 책 한 권 읽기 시작해 보자. 무엇부터 읽어야 좋을지 모르겠다면 일단 주변에 있는 것부터 보자. 나에게 맞는 좋은 책을 골라보겠다며 시간을 허투루 쓰지 않아야겠다며 계획하지 말자.

인생은 계획대로 되지 않는다. 일단 시작하면 삶의 변화는 시작된다. 하지만 시작하지 않고 계획만 세우면 늘 제자리에 머문다.

젊음은 인생에 있어 가장 큰 선물이다. 젊음의 시간에서 실패는 하면 할수록 좋다. 실패하는 그 모든 순간이 인생의 밑거름이 되기 때문이다. 나이가 들수록 실패를 하는 데 주저하게 된다. 가정이 생기고 자녀가 생기면 실패를 최소화하고자 노력한다. 책임져야 할 일들이 많아지기 때문이다.

청춘은 다르다. 실패를 경험하면 할수록 성장할 기회가 찾아온다. 그 실패의 순간에는 고통스러울지 모르지만 그 모든 순간이 인생의 자양분이 된다. 시작이 없으면 실패도 없다. 시작하는 힘을 길러야 한다. 일단 시작해 보고 좌절과 실패를 이야기하자. 시작하고 실천하는 용기를 가져야 한다.

나는 그 용기를 책을 통해 얻었다. 주변 사람들의 조언보다는 책 속의 저자들과 대화하며 희망을 얻었다.

사람은 흔히 삶의 해결책을 찾거나 조언을 구할 때 가까이에 있는 사람들에게 묻는다. 하지만 잘 생각해 보라. 그 사람들이 내가 고민하는 일들을 경험하고 성공해 본 경험이 있는지를. 전문가를 찾아 답을 구해야 한다. 주변 가까이에 있지 않지만 전문가를 만날 방법이 있다. 바로 독서다. 내 고민을 먼저 경험해 보고 해결책을 찾아 정리한 글이 책이다. 책 속에 길이 있다는 말은 그래서 나온 것이다.

이 책은 청춘들을 위해 썼다. 방황하는 청춘들이 읽기를 바란다. 더 나아가 청춘들을 지지해 주는 부모님들이 읽기를 바란다. 군에 복무 중인 자녀를 둔 부모님, 입대 예정 자녀를 둔 부모님이 본다면 더욱 좋겠다. 부모님이 먼저 독서를 실천하고 자녀들에게 권하기를 바란다.

직업군인으로 15년을 살았다. 길다고 할 수는 없지만 결코 짧다고도 할 수 없는 시간이다. 그 시간 동안 수많은 청춘을 만났다. 그들이 군 생활을 대하는 태도에 따라 전역 후의 삶이 어떻게 되었는지도 지켜보았다. 2년도 되지 않는 시간이지만 그 시간은 그동안 살아왔던 인생과는 다른 시간이다. 군 생활은 사회와 잠시 단절되어 온전히 내 자신과 만나는 시간이다. 그 시간을 현명하게, 긍정적으로, 알차게 보내는 이들은 꿈을 가지고 사회로 나갔다. 힘들 수 있는 시간이지만 기회의 시간이기도 하다. 그 시간을 독서와 만나 변화하기를 바란다. 단 한 번도 책을 읽고 살아오지 않은 삶이라면 더욱 좋다. 온전히 집중할 수 있는 시간이 군에는 있다. 그 시간을 알차게 활용할 수 있는 방법, 독서와 가까워질 수 있는 방법이 이 책에 있다.

책을 마무리하며 상상하고 있다. 이 책을 읽고 나와 인연이 된 청춘들이 성장하는 데 도움을 주고 있는 내 모습을. 그들의 경험을 다른 이들과 나누는 모습을. 군(軍)이라는 곳이 눈물 흘리며 보내는 곳이 아니라 꼭 한 번 다녀오라고 응원해 주는 사람들의 모습을. 그런 날이 오기를 바란다. 내가 상상하는 일들은 늘 현실로 이루어질 것이라 믿기에 이 글을 쓰는 지금도 희망을 갖고 간절히 꿈꾼다. 방황하는 청춘들이 독서와 만나 희망을 찾고, 그 희망이 현실이 되는 그날을 응원한다.

이 책이 세상에 나올 수 있게 해준 분들에게 감사를 전한다. 늘 내 곁에서 나를 응원하고 지지해주는 현명하고 아름다운 아내이자 세 아들의 엄마이면서 내 인생의 로또인 장지은 님. 이 세상 어떤 어머니보다 지혜롭고 존경스러운 사랑하는 어머니 이한순 님. 세상 누구보다 사랑스럽고 밝고 멋진 세 아들 지후, 은호, 아인. 가족들이 있었기에 지금 이 모든 것이 가능했습니다. 감사하고 사랑합니다. 준비된 우연한 만남으로 제 책을 세상에 나올 수 있게 해주신 진정한 남자, 와일드북 유광선 대표님. 제 삶이 독서를 통해 더욱더 극적인 변화와 만날 수 있게 이끌어주신 숭실대 독서경영전략학과 김을호 교수님. 늘 저를 지지해 주고 응원해 주시는 숭실대 독서경영전략학과 동문들과 동기 5기생 여러분께 감사합니다. 마지막으로 '독하군 독서모임'의 모든 멤버 분들과 그중에서도 저를 지지해주고 끝까지 이 책의 원고를 감수해준 함현찬, 윤병현, 이찬혁, 양기웅 님께 진심으로 감사합니다. 이 책을 선택해 주시고 읽어 주실 독자 여러분께도 먼저 감사드립니다.

"인생의 변화는 오. 지. 다! 오늘, 지금, 당장 시작하세요"

일단 시작하면 변화는 찾아옵니다. 방황을 끝내고 희망을 품고 살아갈 당신을 응원하겠습니다. 그리고 함께하겠습니다. 감사합니다.

당신의 삶에 찾아올 히어로(HERO)를 기대하며, 독서하는 군인
최영웅 드림.

1장

육군 최고의 문제아 책을 만나다

지금 삶의 위기가 찾아왔다면 관점을 달리해보기 바란다. 위기는 기회가 될 수 있다. 삶이 가장 밑바닥에 있다고 느낀다면, 앞으로는 올라갈 일만 남은 것이다. 인생이 어떻게 될지는 그 누구도 알 수 없다. 위기의 순간에 예상하지 못한 기회가 찾아온다.

01

청춘의 키워드 3가지 : 술, 담배, 이성

학창 시절부터 성인이 될 때까지 내 삶에서 빠지지 않는 단어 세 가지, '술, 담배, 이성'이다. 세 단어로 내 학창 시절 모두를 설명할 수 있다. 내 학창 시절은 어두웠다. 전교생 중 손가락 안에 들 정도로 성적이 좋았던 때도 있었다. 그러다 찾아온 사춘기와 함께 시작된 방황으로 상위권에 있던 성적표는 급격한 하향곡선을 그렸다.

그것은 '중2병'이었다. 중학교 2학년, 사춘기는 삶을 심하게 흔들었다. 이유 없는 방황이 시작되었다. 부모님과 선생님의 조언은 잔소리로만 여겼다. 학업보다는 자극적인 것에 마음이 갔다. 선배들과 친구들의 권유로 내 삶의 키워드 중 2가지인 '술, 담배'를 시작했다. 호기심으로 시작한 술, 담배는 횟수가 늘었고, 내 몸은 중독되어 갔다. 그런 내 모습이 잘못되었다는 생각을 하지 못했다. 오히려 자랑스럽게 이야기하고 다녔다. 일종의 '영웅 심리'였다.

중학교 3학년이 되고 친구들로부터 오토바이 타는 법을 배웠다. 친구들은 선배들로부터 오토바이 타는 법을 배웠다. 올바른 방법이 아닌 어깨너머로 배워서 사고의 위험성이 컸다. 결국 나는 친구 2명을 뒷좌석에 앉힌 상태로 운전을 하다가 넘어지면서 무릎을 심하게 다쳤다. 십자인대 파열이라는 큰 부상을 당했다. 나는 학창 시절 육상부였고, 장거리 선수였다. 나에게 십자인대 파열은 큰 시련이었다.

운동을 포기했다. 술, 담배가 늘었다. 세상 모든 것에 불만이 생겼다.

고등학교 졸업 직전 도서관에서 담배 피우며 찍은 사진

고등학교에 입학했다. 당시 내 고향에서는 평판이 가장 좋은 인문계 고등학교였다. 중학교 시절 성적은 점점 내려갔지만 운 좋게 좋은 고등학교에 갈 수 있었다. 함께 방황을 즐기며 놀던 친구들과 분리되었다. 환경이 달라지며 학업을 재개하려 했지만, 여전히 노

가장 방황하던 시절

는 게 더 좋았다. 새로운 친구들과 무리를 만들었다. 방황과 일탈
은 계속되었다. 중학생 시절에는 친구들을 뒤쫓아 사고를 쳤다면,
고등학생이 되어서는 내 주도로 사고를 일으켰다.

선생님들께서는 내가 머리는 좋아 보이는데, 잘못 사용하고 있
다며 아쉬움을 표현하셨다.

"영웅이는 건달 두목이 되거나 성공하거나 둘 중 하나가 될 것
같다."

담임선생님께서 내게 해주신 직설적인 조언이었다. 방황하던
마음에 진짜 건달 두목이 되는 모습을 상상하며 좋아했다. 그 말의

깊은 뜻을 당시에 깨우쳤다면 내 인생은 달라지지 않았을까.

방황하던 학창 시절 속에서 나는 계속 술, 담배를 즐기며 시간을 보냈다.

삶의 키워드 중 마지막인 '이성'.

초등학교 시절 나는 꽤 인기가 있었다. 초등학교 6학년 당시 내 키는 165cm였다. 초등학생으로서는 큰 편에 속했다. 운동과 공부도 제법 잘했다. 이성 친구들의 눈에 띨 만했다. 이성 친구들은 내게 관심을 보였다. 그런 시선과 고백이 불편했다. 한 동창생으로부터 빼빼로를 받던 날이었다. 친구들과 함께 운동하는데, 그 자리에서 편지와 빼빼로를 받았다. 부끄러운 마음에 편지를 휴지통에 버리고, 빼빼로는 친구들에게 전부 나누어주었다. 고백한 친구가 받았을 상처는 생각하지 않았다.

그렇게 이성에 관심이 없던 내가 사춘기가 찾아오며 이성에 눈을 떴다. 잘 크던 키는 제자리에 머물렀다. 주변 친구들은 나보다 커져만 갔다. 초등학생 시절의 인기는 슬며시 사라졌다. 내게 고백해오는 이성 친구는 더 이상 없었다. 그때부터는 내가 열심히 이성 친구들의 뒤꽁무니를 쫓아다니기 시작했다. 끈기 하나는 최고였다. 마음에 드는 이성이 생기면 어떻게든 마음을 얻기 위해 최선을 다했다. 학업에 몰입해야 했던 시간과 노력을 이성의 마음을 얻어내기 위해 사용했다. 여자친구를 사귀는 경우도 있었지만, 고백했다가 차인 경우가 더 많았다.

고등학생 시절, 마음에 드는 후배를 열심히 쫓아다녔고 연애에 성공했다. 공부, 운동, 외모 어디 하나 빠지지 않는 친구였다. 그렇게 1년 정도 만난 어느 날, 여자친구의 한 마디는 내 삶에 변화를 일으켰다.

"난 오빠가 부끄러워. 매일 사고 치고 선생님들한테 불려 다니고. 친구들이 오빠 왜 만나냐고 그래. 좀 달라져 봐!"

충격이었다. 여자친구에게 인정받는 남자친구가 되고 싶었다. 공부를 제대로 해보기로 했다. 이를 악물고 미친 듯이 공부했다. 독서실에서 숙식을 해결해 가며 공부를 했다. 절실하면 이루어진다. 성적이 수직 상승 곡선을 그리며 올라갔다.

당시에는 야간자율 학습시간에 학생들의 학습 공간을 분리했었다. 상위 성적에 있는 일부 학생들 30여 명은 그 외 학생들과 다른 별도의 교실에서 야간자율학습을 했다. 내 목표는 그 교실에 들어가는 것이었다. 좋은 대학에 가는 것은 생각도 하지 않았다. 오로지 성적 상위층에 올라서 여자친구에게 당당해지는 것이 목표였다. 나는 석 달 만에 수능 모의고사 성적 상위 10%의 성적을 얻고, 그 교실에 당당히 입장했다. 그렇게 열심히 공부하니 수학능력시험에서도 좋은 점수를 받았다. 덕분에 나는 내가 예상했던 것보다 좋은 대학교에 입학할 수 있었다.

충남대학교에서 처음 마주한 건물 속 한자

고등학교를 졸업하고 대학교 입학일이 다가왔다. 그런데 대학교 입학과 동시에 문제가 생겼다. 이름만 보고 지원한 학부는 내 생각과는 전혀 달랐다. 나는 '생물자원공학부'라는 이름만 보고 지원을 했다. 당시 줄기세포 열풍이 불었기에 나도 그 길을 가야겠다고 마음먹고 지원했다. 입학 첫날 즐거운 마음으로 학교에 갔다. 학교에서 처음 만난 글자는 '農'이라는 한자였다.

'저 한자가 뭐지?'

무심코 넘겼다. 서서히 주변 환경이 보였다. 주변에 보이는 학과 이름을 보며 의아했다. '농업'이라는 글자가 많았다. 생물학을 공부하리라 생각했는데 농업이 왜 보이는 것일까. 알고 보니 내가 입학한 학부는 전년도에 이름을 바꾸었다. 농업과 관련된 단어를 세련되고 현대적으로 바꾸기 위해 명칭을 바꾼 것이다. 전공학부는 농기계과와 농업토목과로 나누는 학부였다. 줄기세포를 연구

해야겠다고 큰마음 먹고 입학한 학교에서 트랙터를 비롯한 다양한 농기계와 마주했다.

나 자신이 너무 한심했다. 어머니에게 이 사실을 어떻게 말씀드려야 할지 답답하기만 했다. 억울했지만 내 무지로 인해 발생한 결과였기에 말할 수 없었다.

그렇게 입학한 대학에서 비전을 찾을 수 없었다. 학과가 좋지 않은 것은 아니지만, 단 한 번도 생각해보지 않았던 곳에서 원치 않는 공부를 하며 꿈을 찾을 수는 없는 일이었다. 대학에 와서는 학창 시절처럼 방황하지 않고 살려고 결심했었다. 그러나 정반대의 결과가 일어났다.

성인이 되어 자유로워진 술, 담배는 나를 더욱 방황하게 했다. 고등학교 시절 사귀던 여자친구와도 헤어지게 되었다. 삶의 즐거움과 희망이 없었다. 입학 이후에는 오로지 여자친구를 만들어보겠다는 생각만으로 대학 생활을 했다.

나는 운동을 좋아했다. 특히 축구를 좋아해서 축구동아리를 찾아보았다. 마침 축구동아리가 있고 선배들이 반갑게 맞이해주어 바로 동아리 가입을 했다. 축구동아리는 내게 작은 즐거움을 주었다. 동아리방에서 보내는 시간이 즐거워 결석이 잦아졌다. 동아리방에서 선배, 동기들과 술을 마시는 시간이 늘어갔다. 그 시간이 평생 갈 것만 같았다. 여자친구와의 이별도 잊을 수 있었고, 동아리에서 만난 여자 동기들과의 시간도 즐거웠다. 그렇게 1년을 정신없이 보냈다. 2학년이 되자 조금씩 졸업 이후에 대한 고민을 해 보게 되었다. 술, 담배, 이성이라는 키워드만으로 살고 있는 대학 생활에서 미래는 보이지 않았다.

조금씩 미래에 대한 걱정과 현실의 내 모습을 보며 많은 고민을 하기 시작했다.

'술, 담배, 이성 외에 내 삶에 무엇이 있을까?'

'나는 지금 여기서 무엇을 하고 있는 것일까?

02

나는 육군 최고의 문제아입니다

내 삶에는 변화가 필요했다. 더 이상 꿈과 목표 없이, 막연한 인생을 살고 싶지 않았다. 변화의 필요성을 느끼기는 했지만, 무엇부터 해야 할지 몰라 방황했다. 매일 술과 담배에 의지하며 살아갔다. 그러다 20대 성인 남성에게 찾아온 국방의 의무를 이행해야 할 시기가 찾아왔다.

일반적인 입대를 하고 싶지는 않았다. 어느 날, 학군단에 합격하여 단복을 입은 선배를 보게 되었다. 멋있었다. 입대를 해야 한다면 병사보다는 장교가 되어보기로 했다. 무턱대고 학군단에 지원했다. 경쟁률이 높았지만 운 좋게 합격을 했다. 잠시 기뻤다. 학군단이 되어도 학교는 계속 다녀야 했다. 미래가 없는 곳에서 2년을 더 보내야 한다는 생각에 기쁨은 이내 사그라들었다.

몇 달 뒤, 어머니께서 '육군3사관학교'를 추천해 주셨다. 3학년으로 편입이 가능했고 졸업 후 장교가 될 수 있었다. 현재 상황을 벗어나고 싶었던 내게 최적의 선택지였다.

사관학교에서 생도 1명을 양성하기 위해 1억 가까운 예산이 투입된다. 사관학교는 등록금이 없다. 오히려 품위 유지비를 받는다. 먹고, 자고, 입는 모든 것이 해결되어 돈 걱정을 할 필요가 없었다. 부모님의 이혼으로 가정 형편도 좋지 않았던 당시 내게 사관학교는 최선의 선택이었다.

사관학교는 내 인생을 바꿔준 소중한 곳이었다.

사관학교에는 '3금(禁) 제도'가 있다. 내 인생의 모든 것이었던 '술, 담배, 이성'을 금지하는 제도였다. 이성이라는 의미는 '금혼(禁婚, 혼인을 금지한다)'을 의미했다. 나는 '3금 제도'를 듣고 내 삶을 완벽히 바꾸고 통제될 것이라 기대했다. 성실히 학교생활을 하며 방황했던 과거의 모습과 다른 삶을 살게 되었다.

육군3사관학교에 입학하여 성실한 생활을 했던 저자

2년간의 사관학교생활을 무사히 마치고 '육군 소위'가 되었다. 국가가 내게 봉급을 주었다. 제법 큰 돈도 생기고, 사관학교라는 제도에서 벗어나자 내 삶은 다시 자유로워졌다. 자유가 찾아오자 억눌려 있던 본능이 눈을 떴다.

'사람은 변하지 않는다. 사람은 고쳐서 쓰는 존재가 아니다.'

나 역시 변하지 않았다. 술, 담배, 이성을 찾아 헤매던 과거의 모습으로 회귀했다. 두둑해진 주머니 사정으로 과거보다 더 방탕한 삶이 시작되었다. 사회 초년생이던 소위 시절에는 조용히 지냈지만, 진급하고 중위가 되니 봉급이 많아졌다. 경제관념이 없던 내게 돈이라는 존재는 유흥을 즐기는 수단에 불과했다. 업무 미숙으로 인해 많은 스트레스를 받고 우울증과 대인기피증, 공황장애가 찾아왔었다. 술, 담배에 의지하게 되었다. 모든 상황을 비관하며 군대라는 곳을 탓하고 원망했다.

육군 중위, 25살의 나는 학창 시절보다 더 방황했다. 모든 것이 싫었고 의미 없이 느껴졌다. 내 삶의 그 어떤 목표도 세우지 않고 방황했다. 인생의 길이 보이지 않았다. 내 삶의 키워드인 '술, 담배, 이성'만 생각했다. 각종 사고의 중심에 서게 되었다. 주변으로부터 손가락질당하며 지냈다.

군 생활도 내게는 맞지 않는 것 같았다. 하루하루가 괴로웠다.

늘 불평하며 사고를 쳤다. 그럼에도 징계 수준의 사고는 일으키지 않아 대위 진급을 했다. 대위가 되니 봉급이 눈에 띄게 늘었다. 늘어난 봉급만큼 유흥으로 쓰는 돈이 늘었다.

매일같이 음주로 시간을 보내며 취해있던 저자의 모습

육군 대위가 되면 '고군반'이라는 교육을 받는다. 28주간 군사학 공부만 한다. 방황하던 내가 공부를 할 리 없었다. 입교하고 며칠 눈치를 보다가 교육 기간의 빈틈을 찾았다. 수업보다는 수업 시간이 끝난 후 어떻게 놀지가 주 관심사였다. 새벽까지 술을 마시고 수업 직전 교실에 들어갔다. 수업 시간에는 잠만 잤다. 매일같이 부여되는 과제는 손도 대지 않았다.

교육기관이지만 그곳 또한 군대이기에 통제가 있었다. 하지만 내게 통제는 의미가 없었다.

고군반 교육을 받는 육군보병학교는 전남 장성에 있다. 장성은 조용한 시골이라 광주로 이동해서 음주가무를 즐겼다. 먼 거리였지만 신나는 마음으로 장성과 광주를 오갔다. 나이트클럽을 다니기 시작했다. 교육 수료 후 나이트클럽 방문 횟수를 세어보니 총 29번이었다. 28주 교육에 29번의 나이트클럽.

나는 클럽에서 VIP 고객이었다. 긴 줄로 대기하는 사람들을 뒤로하고 프리패스로 입장했다. 클럽에서 나는 그야말로 '영웅'이었다. 단순히 술 마시고 춤추는 것을 넘어서 클럽의 분위기를 이끌었다. DJ와 함께 무대 위에서 손님들의 흥을 돋우며 놀았다.

어느 날, 담임 교관님이 나를 불러 퇴교를 권했다. 교육기관에서 퇴교는 큰 부상 등의 불가피한 일이 있지 않는 한 발생하지 않는다. 통제에 따르지 않고 규정을 무시하는 나를 보고 개교 이래 처음으로 퇴교를 권유한 것이다. 교관님의 강력한 경고 이후 내 방황은 잦아들었다. 무사히 28주의 교육을 마치고 자대로 갔다.

중대장이라는 결코 가볍지 않은 직책을 맡았다. 부하가 생기니 책임감이 생겼다. 군 생활을 열심히 하리라 마음먹었다. 그러던 중 육군의 큰 화제가 된 '총기 난사 사건'이 발생했다. 이 사건을 계기로 교육기관을 수료하고 처음 중대장으로 임무 수행을 하던 대위들은 참모로 보직이 조정되었다. 군 생활의 경험과 경력이 많은 대위들로 중대장을 시켜 병력관리를 강화하겠다는 의도였다.

나는 어쩔 수 없이 참모가 되었다. 예상하지 못했던 일이 일어났다. 내 계급에서는 엄청나게 높은 제대인, 사단사령부 참모로 분류되었다.

'사단 교육장교'라는 직책은 힘들었다. 가장 상급부대의 실무자이지만 가장 경험이 없었고 어렸다. 업무가 미숙했다. 자신감이 추락했다. 출근하기가 싫어졌다. 참고 있던 반항심이 고개를 들었다.

부대에서 나를 독려한다며 표창을 주었다. 표창은 내게 의미가 없었다. 그간 받은 표창장을 모두 세절해버렸다. 전역 지원서를 써서 사무실 책상에 꽂아두었다. 누구나 볼 수 있는 위치였다. 전역 지원서를 보고 나를 건드리지 말라는 경고의 메시지였다. 상급자들은 나를 관심의 대상으로 정했다. 부대 내 문제아가 되었다.

학창 시절부터 따라붙었던 '문제아'라는 단어는 장교가 되어서도 꼬리표가 되었다. 주변 사람들은 내게 이런 말을 하곤 했다.

"너 같은 애가 어떻게 임관을 했을까?"
"내가 본 후배 중에 네가 가장 골칫덩어리다."

그렇다. 나는 육군 최고의 문제아였다.

03
인생의 격변기를 지나며

'쥐구멍에도 볕 들 날이 있다.'

인생에는 몇 번의 행운이 찾아온다고 한다. 행운과 만났을 때 스쳐 지나가는 경우도 있고 행운을 내 것으로 만드는 경우도 있다. 29살에 행운이 찾아왔다. 나는 그 행운을 놓치지 않았다. 문제아로 살아온 내게도 삶의 극적인 변화가 일어났다.

나 스스로가 달라지는 것은 쉽지 않은 일이라 여겼다. 누군가가 내 옆에서 변화시켜주는 자극을 주면 좋겠다고 생각했다. 그 방법 외에는 삶의 변화는 생각하기 힘들었다. 그 변화의 시작은 내 아내였다.

아내는 나와 180도 다른 인생을 살았다. 학창 시절 늘 모범생이었다. 자신이 좋아하는 한자 공부를 장점으로 살려 중국에서 대학교를 졸업했다. 여자의 몸으로 4년간 유학 생활을 한 것이 존경스럽다. 그 시간 동안 수많은 일이 있었을 텐데 그 어려움을 극복한 힘이 놀랍다. 그 힘을 통해 우리 세 아들이 올바르게 성장할 수 있었다.

아내는 대학교 졸업 후 한국에서 중국어 관련 일은 물론 다양한 사회경험을 했다. 여러 경험 끝에 중국어 선생님이 되고자 대학원에 입학했다. 첫 학기가 시작된 지 한 달 만에 나와 만났다. 나는 아내에게 첫눈에 반했다. 나와 다른 삶을 살아오고 다른 생각을 하는 그녀의 매력에 빠졌다.

처음 소개팅을 하던 날을 잊을 수 없다. 나는 키가 크지 않다. 아내와도 키 차이는 얼마 되지 않는다. 소개팅 자리에 아내는 구두를 신고 왔다. 식당에 가서 식사한 후 자리를 일어나는데 아내는 구두를 벗고 신발로 갈아 신었다. 키가 크지 않은 나를 위한 조용한 배려였다. 그 배려심에 감동했다.

인생의 로또인 아내와 결혼하며 달라진 나

나같이 어두운 삶을 살아온 사람이 아내를 만난 것은 행운이었다. 아내는 차분하고 따뜻했다. 아내 옆에 있으면 나 역시 차분해짐을 느꼈다. 나도 변화될 수 있겠다는 기대감이 생겼다. 사춘기 이후 처음으로 차분해진 내 모습에 놀랐고, 행복했다.

　아내와 연애를 하며 서로의 과거에 관해 이야기했다. 아내의 과거를 듣고 있으니 내 과거를 모두 말할 수 없었다. 내 과거를 알게 된 순간 내게 실망하여서 이별하게 될 것 같았다.

　학창 시절 우리가 만났더라면 분명 나를 혐오했을지 모른다. 아내는 그만큼 착한 학생이었다. 나와는 결이 다른 사람이었다. 달라져야만 했다. 그녀와 맞는 사람이 되겠노라 잠시 결심했다. 그러나 결심과는 달리 아내를 만나고 부대로 돌아오면 내 마음은 다시 원래 상태로 돌아왔다. 방황하던 문제아의 모습 그대로였다.

　아내에게는 내 모습을 말할 수 없었다. 그냥 힘들다는 이야기만 할 뿐 내 본 모습은 드러내지 않았다. 직감적으로 내 심정을 알아챈 아내는 차분히 나를 다독여주었다. 어느 날, 나를 위해 책 속에서 본 좋은 글을 말해주었다.

　"예전에 본 책에 이런 말이 있었어. '사람은 누구나 실수한다. 실수를 실패로 생각하지 않고 과정으로 여기면 성공할 수 있다.'라고. 조금만 힘내."

아내의 차분한 말과 책 속 문장은 내 마음을 다잡아주었다. 책 속 문장이 위로가 될 수 있음을 깨달았다. 태어나 처음 책 속 문장으로 마음에 울림을 느꼈다. 잠시 생각을 해보았다.

'책을 읽으면 좋은 게 있을 수 있겠구나. 한번 읽어볼까?'

그것도 잠시. 일상으로 돌아오면 책 생각은 전혀 나지 않았다. 술, 담배로 스트레스를 풀 뿐이었다. 하지만 내 머릿속 어딘가 책을 읽어야겠다는 생각이 자리 잡았다.

'언젠가는 책을 읽어봐야지. 나중에, 시간이 남으면.'

04

병원 입원실에서 만난 보물

연애 6개월 만에 결혼을 했다. 결혼 전 아이가 생기게 되었고 결혼 6개월 차에 첫째 아들이 태어났다. '지후'는 우리 부부에게 찾아온 천사였다. 부모로서 많은 것이 서툴고 힘들었지만 웃는 아이의 모습을 보면, 힘든 순간은 눈 녹듯 사라졌다. 그런 행복을 안겨 준 아내에게 감사했다. 아내를 위해 내가 할 수 있는 모든 것을 다 해주고 싶었다.

아내의 대학원 졸업은 1년이나 남았다. 결혼과 출산으로 아내의 학업이 멈추지 않으면 했다. 문제는 아내가 야간에 대학원을 가야 하는 것이었다.

'지후'는 천사 같고, 행복을 주는 아이였지만 아내의 학업을 위해서는 고민거리가 되었다. 아내는 대전에서 수원으로, 일주일에 2번 대학원을 가야 했다. 학교에 가기 위해서는 오후 4시에 버스를 타야 했다. 아이를 나에게 맡기려면 내가 일과시간에 집에 와야 하는 상황이었다. 군인이 평일에 2번 쉴 수는 없었다. 막막했다.

공식적으로 평일에 쉴 방법을 찾았다. 당직 근무 후 다음 날 아침 퇴근하는 것 외에 방법이 없었다. 피곤했지만 일주일에 2번, 월요일과 수요일에 당직 근무를 섰다. 다른 사람과 근무를 바꾸기도 하고, 바꿀 근무가 없으면 조건 없이 대신 근무를 섰다. 당직 근무가 끝나면 잠시 쪽잠을 자고 아이를 인계받고 육아를 했다.

약 4개월간 당직 근무를 16번을 섰다. 대대장님께서 배려해 주시어 근무 조정을 승인해 주시고, 때로는 휴가를 사용하도록 배려해 주셔서 버틸 수 있었다. 잠을 제대로 못 자고 갓난아기를 돌보다 보니 몸이 약해졌다. 하지만 아내와 아이를 위해 꾹 참고 버텼다. 결국 몸이 이상 신호를 보냈다.

중학교 시절 오토바이 사고로 다친 오른쪽 십자인대, 결혼 전 축구를 하다가 다친 왼쪽 십자인대. 양쪽 무릎이 정상적이지 않은 채로 살아왔다.

내 무릎은 갓난아기의 작은 무게에도 힘들어했다. 수술이 필요했다. 의사는 왼쪽 십자인대만 수술할 수 있다고 했다. 오른쪽 십자인대는 너무 오랜 기간 방치되어 수술의 성공을 장담할 수 없다고 했다. 왼쪽 십자인대 재건 수술을 감행했다.

수술실에 들어가며 많은 생각을 했다. 체력과 건강한 신체가 필수인 군인에게 양쪽 무릎이 온전하지 않은 것은 큰 문제였다. 20대의 대부분을 바친 군인이라는 직업을 이어갈 수 있을지 고민되었다. 이제 막 한 집안에 가장이 되었는데, 새로운 직업은 모험이었다. 인생에 대해 깊은 고민 없이 살아온 내 자신이 원망스러웠다. 고민도 잠시, 마취가 시작되고 이내 잠이 들었다.

수술은 성공적이었다. 병원 입원실로 옮겨지고, 휴식을 취했다. 앞으로의 인생에 대해 깊은 고민을 시작해 보고자 했다. 그것도 잠시, 나는 입원실의 많은 어르신들에게 관심의 대상이 되었다. 나를 제외한 모두가 60~70대 노인들이었다. 젊은 나는 어르신들의 수많은 질문과 넋두리를 들어드렸다. 아침, 점심, 저녁으로 고정된 TV 프로그램(아침마당, 나는 자연인이다, 6시 내 고향, 명인이 고정 채널이었다)을 보았다. 어르신들로부터 분리되고 싶었다.

하루는 새로운 분이 입원하셨다. 학자풍의 어르신은 침구류를 정리하고, 곧바로 책을 집어 드셨다. 한마디 붙여보려고 준비 중이셨던 다른 어르신들이 조용했다. 신기했다.

'책을 읽으면 어르신들로부터 분리될 수 있겠구나!'

인터넷으로 책을 주문했다. 병문안 오는 친구들에게 책을 부탁했다. 예상이 적중했다. 어르신들은 나에게 말을 걸지 않았다. 책을 들고 읽는 척만 했을 뿐이었다. 해방감에 짜릿했다.

책 읽는 척을 하다가 책을 제대로 읽어보기로 했다. 한 페이지만 읽어도 잠이 왔다. 책처럼 좋은 수면제가 없었다. 하루 이틀 지나자 독서에 적응이 되었다. 한 번에 10페이지를 읽는 것이 힘들었던 내가 30페이지를 읽을 수 있게 되었다.

재미가 붙었다. 한 달 정도 책을 꾸준히 읽었다. 하루에 1권을 읽는 날도 있었다. 몸이 자유롭지 못할 때 가능한 취미가 독서임을 깨달았다. 독서가 점점 즐거워졌다.

한 달간은 소설 위주의 독서를 했다. 책을 읽고 나니 즐겁기는 했지만 머릿속에 남는 것이 없었다. 다른 종류의 책을 읽어보기로 했다. 인터넷을 찾아보니 인문학 도서가 좋다는 글이 많았다. 인문학이라. '나는 누구인가?', '나는 어디에서 왔는가'라는 이상한 질문이나 하는 책들이라는 편견이 있었다. 쉽게 마음이 가지 않았지만 도전해 보기로 했다.

처음 만난 인문학은 쉽게 이해가 되지 않았다. 생각하게 만들어서 페이지가 넘어가지 않았다. 한 권 두 권을 읽으며 적응해나갔다. 그러다 책을 읽고 멈추어서 생각하고 있는 나를 발견하게 되었다. 인생에 대해서 되돌아보게 된 것이다. 나는 서른이라는 나이에도 내가 무엇을 좋아하는지조차 모르고 있다는 것을 깨달았다. 내가 진짜 원하는 삶이 무엇일까 고민해 보았다. 인문학 도서가 좋은 이유를 알게 되었다.

인문학은 철학과 이어졌다. 두 학문의 공통점은 '사람에 대한 이해'였다. 사람을 이해하는 것은 결국, '나'에 대한 이해였다.

'나'라는 사람에 대해서 얼마나 아는지 생각해 보았다. 내 부족함에 대해 고민했다. 나라는 사람에 대해서도 제대로 알고 있지 못하고 살아왔다는 사실은 엄청난 충격이었다. 책을 읽지 않았더라면 결코 깨닫지 못했을 일이었다.

나는 입원실에서 다른 세상과 만났다. 지금껏 누구도 말해주지 않았고, 알려주지 않은, 진짜 필요한 삶의 지혜를 깨달았다.

수술실에 들어가던 날 느낀 삶에 대한 고민은 독서로 해결되었다. 막막했던 앞날에 대한 길을 찾게 되었다. 그것은 바로 '나라는 사람에 대해 알아가는 것'부터 시작하는 것이었다. 삶이 막막한 이유는 미래에 대한 삶의 불확실성 때문이었다. 불확실한 세상을 헤쳐나가기 위해서는 나를 믿는 마음 즉, 자신감이 필요함을 알게 되었다.

자신감(自信感).

한자 그대로 풀이하면 자신을 믿는 마음이다. 수많은 저자가 책을 통해 자기 자신을 믿기 위해서 '나'라는 사람에 대해 알아야 한다고 내게 말을 걸어왔다.

십자인대를 다치고 수술까지 하면서 고통스러웠지만, 나는 더 큰 것을 얻었다. 입원실에 가지 않았더라면 책과 만나지 못했을 것이다. 삶에서 잠시 멈추는 기회가 없었다면, 삶을 돌아보지 못했을 것이다. 불행이라 생각했던 시간이 오히려 기회가 되었다. 무엇과도 바꿀 수 없는 인생의 보물을 만난 것이다. 독서로 삶의 전환점을 만났다.

지금 삶의 위기가 찾아왔다면 관점을 달리해보기 바란다. 위기는 기회가 될 수 있다. 삶이 가장 밑바닥에 있다고 느낀다면, 앞으로는 올라갈 일만 남은 것이다. 인생이 어떻게 될지는 그 누구도 알 수 없다. 위기의 순간에 예상하지 못한 기회가 찾아온다.

퇴원 후 집으로 돌아왔다. 일상으로 복귀하자 내 주변에 있는 공간, 상황들이 달리 보였다. 부대로 복귀해 보니 주변에 책이 많았다. 내 옆에 보물이 널려있었다. 부대마다 있는 '병영도서관'이 그제서야 눈에 들어왔다. 내 삶의 또 다른 전환점을 선물할 보물들을 만나기 위해 매일 도서관으로 향했다.

05

부대에서 만난 보물창고, 병영도서관

읽고 싶은 책이 늘어났다. 책이 추천하는 책의 리스트를 정리해 보았다. 문제가 생겼다. 책 한 권 사는 것은 큰돈이 들지 않았지만, 여러 권을 구매하는 것은 부담스러웠다. 남편이 되고, 아빠가 되니 지출이 많아졌다. 돈이 부족했다. 해결책이 필요했다.

어느 부대에도 병영도서관이 있다. 군 생활을 5년 이상 했지만 그때까지 병영도서관에 가본 적이 없었다. 도서관이라는 공간은 내게 낯선 공간이었다. 그러나 책이 읽고 싶어지자 한 번쯤 방문해 보고 싶어졌다. 큰 기대 없이 갔다. 나는 도서관에서 큰 충격을 받았다.

'내가 보고 싶었던 책이 여기 다 있네!'

진중문고

    신기한 일이었다. 책에서 추천해 준 책들이 도서관에 모두 있었다. 믿을 수 없었다. 읽고 싶었던 책이 10권 정도 있었다. 10권을 모두 찾았다. 도서관의 책들은 기준을 갖고 분류되어 있었다. 인문학 도서를 많이 읽고 싶어 관련 도서 10권을 선정해두었다. 그 책들이 거짓말처럼 한 책장에 있었다. 도서관이 달리 보였다.

    전군 모든 부대에 '진중문고'가 보급된다. 군 장병들을 위해 국가에서 책을 주는 것이다. 왜 책을 보급해 주는 것일까 하는 의문이 생겼다.

    진중문고의 유래를 찾아보았다. 처음 진중문고라는 이름으로 군인들에게 책이 보급된 것은 제2차 세계대전 당시이다. 1942년 2월, 미국 정부와 출판계에서 나치 독일의 '책 학살'과 '문화 정책'에 대항하기 위한 계획에서 시작된 것이 '진중문고'다. 사람들의 사상을 키우고 사기를 높이는 데 책이 도움을 줄 것으로 판단한 것이다. 전쟁 당시에는 호주머니에 휴대할 수 있을 정도의 작은 책이 보급되었다. 전쟁 속에서도 책의 힘은 큰 무기가 되어 군인들을 생각하게 하고, 사상을 키우게 하는 것은 물리적 힘보다도 큰 전투력이 될 수 있었다. 그렇게 진중문고가 시작되었다.

내가 읽고 싶었던 10권의 책은 여러 책에서 공통적으로 소개한 책들이었다. 다수의 작가가 인정한, 검증된 좋은 책들. 좋은 책이 병영도서관에 있는 이유가 있었다.

진중문고는 국방부에서 주관하여 선정한다. 아무 책이나 선정하지 않는다. 책 선정은 여러 사람에 의해서 까다로운 조건을 걸쳐 선정된다. 기본적으로 다수의 사람으로부터 인정받은 책들, 일명 베스트셀러 또는 스테디셀러로 불리는 책들이 선정된다. 그러므로 내가 읽고 싶었던, 다수의 작가가 추천하는 책과 일치했던 것이다. 진중문고는 믿고 읽을 만한 책들이다.

나는 병영도서관과 진중문고에 매료됐다. 수년 전부터 매 분기 보급된 책의 숫자도 어마어마했다. 분야별로 최고의 책들이라 불리는 도서들이 병영도서관에 모두 있었다. 독서 초보라면 진중문고를 우선적으로 찾아 읽어보기를 추천한다. 어떤 책을 읽을지 고민이 된다면 진중문고를 읽는 것이 답이다. 본인이 원하는 분야만 선정하면 그 분야 최고의 책은 이미 진중문고에 있다. 최근에는 대형서점, 인터넷 서점에서 베스트셀러로 선정된 도서 대부분이 보급된다. 군인들은 책값을 들여 책을 살 필요가 없다. 내가 보물로 생각한 책들이 모인 장소, 병영도서관은 그야말로 보물창고였다.

부대에서 점심시간이 되면 소화도 시킬 겸 병영도서관에 갔다. 책을 읽지 않아도 책 제목만이라도 보려고 방문했다. 한 번쯤 들어본 책, 읽고 싶었던 책을 발견할 때마다 희열을 느꼈다. 읽고 있는 책을 완독하면, 다음으로 보고 싶은 책을 찾아 읽었다. 부대마다 도서관을 관리하는 간부나 용사가 있다. 나는 그들보다 책의 위치를 더 정확히 알게 되었다. 돈 걱정 없이 책을 읽을 수 있는 환경이 내 옆에 있어 행복했다.

병영도서관을 자주 가보니 의문이 생겼다. 대부분 시간을 나 홀로 이용하고 있었다. 도서관에 오는 장병들이 많지 않았다. 읽고 싶은 책이 모두 있어 좋았지만, 이 좋은 환경을 나만 이용하는 것이 안타까웠다. 장병들이 좋은 혜택이 가까이에 있음에도 알지 못하는 것이 아쉬웠다.

당시 함께 중대장 직책에 있던 동료들에게 병영도서관에 관해 이야기해 보았다. 전혀 관심이 없었다. 돌아오는 대답은 한결같았다.

"책 읽으면 좋지. 그런데 시간이 없어."

"책 읽을 시간에 술 한잔 더해야지."

"책 읽지 말고 교범이나 읽어."

책이 좋다는 것은 알면서도 실천하는 이는 적었다. 독서의 이점을 알지 못하는 이들은 더 많았다. 책을 통해 다른 세상을 간접경험하려는 이들보다 당장 눈앞에 일만 바라보는 이들이 훨씬 많았다. 책 읽는 사람이 적다는 것을 알게 되었다.

군인들은 훈련과 각종 근무, 야근은 물론 늘 만약에 사태를 대비해 긴장하며 산다. 늘 피로가 쌓여 있다. 쉬는 시간이 생기면 새로운 것보다 휴식을 선호하는 경우가 많다. 나도 독서와 만나기 전까지는 그랬다. 독서를 통해 사고하는 습관이 생기자 정신력이 체력을 넘어서게 되었다.

독서가 주는 희열은 피로도 잊게 했다. 이 단계까지 오기까지 제법 시간이 걸렸다. 입원 기간 2달이 삶의 전환점이었다. 2달 동안 업무와 분리되어 책을 읽었기에 변할 수 있었을지 모른다. 일과 병행을 했다면 독서의 매력을 알지 못했을 수도 있다. 일상 속에서 독서의 매력을 느끼기 위해서는 2달 이상의 시간이 필요할 것이다. 직장인이라면 바쁘게 돌아가는 업무시간, 학생이라면 공부와 시험을 준비하는 시간, 부모라면 자녀를 돌보고 집안일을 해야 하는 시간이 반드시 있다. 그렇기에 독서의 매력을 느끼는 데 시간이 오래 걸리고 중도에 포기하는 이들이 많다. 그 과정을 이겨내야 한다. 조금씩, 꾸준히 읽어가야 한다.

나는 부대에 출근하는 재미가 생겼다. 군대라는 곳이 달리 느껴졌다. 힘들게 멀리 있는 도서관을 찾아가야 할 필요가 없어 기뻤다. 보물창고를 만나고 나는 매일 보물을 찾고, 보물을 꺼내어 내 머리와 가슴속에 넣으며 행복한 나날을 보내게 되었다.

06

너 그러다가 진급 못 한다. 그만해라

SNS(소셜네트워크서비스)는 이제 남녀노소 누구나 이용하는 세상이 되었다. 과거 개인 사진 저장을 하던 미니 홈페이지 수준을 넘어 자신을 어필하는 용도로도 활용되고 있다. 군인들도 과거보다 SNS에 자신을 노출하는 것에 대한 부담이 줄었다. 누구나 사용하는 혜택을 누리지 못할 이유가 없다. 규정을 지키면 누구나 자유롭게 SNS 활동이 가능한 시대가 되었다.

내 SNS는 추억 저장용이었다. 학창 시절에는 친구들과의 추억 사진을, 결혼 후에는 아이들과의 사진을 저장했다. 단순 저장만 하는 것에 공허함을 느낄 무렵, 독서를 시작했다. 본격적으로 독서를 시작하니, 드러내서 독서를 하고 싶어졌다. 함께 독서를 즐기는 이들과 소통하고 싶었다. SNS에 책 사진과 책을 읽은 후 느낌을 적어갔다. 주변의 반응이 달라졌다.

"너 무릎 수술한다더니 머리 수술을 했니?"

"사람이 갑자기 변하면 금방 죽는다던데."

내 과거를 알던 지인들은 책 사진이 올라오는 내 SNS를 보며 의문을 가졌다. 예상했던 반응이었다. 처음은 어색하고 부끄러웠다. 기분 좋은 부끄러움이었다. 꾸준히 책에 대한 게시물을 올리니 반응이 점차 달라졌다.

"나도 책 좀 읽게 추천해 줘."

"책 읽으려면 어떻게 시작해야 되는 거야?"

"요새 보기 좋네. 꾸준히 독서하기를 바랄게"

즐거웠다. 독서를 하는 내가 자랑스러웠다. 단순 사진 저장이 아닌, 책에 대한 내 생각을 남김으로써 뿌듯함을 느꼈다. 몇 달간 열심히 독서를 하며 SNS에 글을 썼다. 우연히 부대에서 함께 근무하는 선배와 대화를 하게 되었다. 그분은 나와 SNS로 연결되어 있었다.

"영웅아, 잘 지내지. 곧 소령 진급 시기네."

"맞습니다. 제가 벌써 소령을 바라보는 시기가 됐습니다. (웃음)"

"그래, 요즘 SNS 잘 보고 있어. 책에 대해 많이 올리더라."

"네, 요즘 독서에 한창 빠져 있습니다. 너무 즐겁습니다."

"그런데 말이야. 그런 거 올리면 윗사람들이 안 좋게 볼 수 있어."

의아했다. 책을 읽고 생각을 남기는 일이 왜 좋지 않게 보이는 것일까. 그분의 말은 이러했다. 많은 사람들이 내 SNS를 보게 되면 성실히 일을 한다고 생각하기 보다는 책이나 읽으며 다른 생각을 한다고 판단한다고 말해주었다. 이해되지 않았다. 내 취미 생활일 뿐인데 그렇게 생각할 이유가 있을까. 오히려 격려해 주고 독려해 줄 것이라 생각했다. 그분은 나를 아끼는 분이셨기에 흘려들을 수 없었다.

며칠 뒤, 사관학교 동기를 만났다. 그 또한 나와 SNS 친구였다. 성실히 군 생활하고 상급자와의 소통도 잘되는 친구다. 그야말로 군 생활에 '잘나가는' 동기였다. 그도 내게 SNS에 관해 이야기했다.

"영웅아, 진급 시기에 그런 거 SNS에 올리지 마."

"응? 왜?"

"윗사람들 중에는 그걸 부정적으로 보는 사람들이 있을 수 있어. 더군다나 진급 시기에는 그런 것도 평가가 될 수도 있어."

"책을 읽고 생각을 적는 게 안 좋은 행동이라고? 그런 분들이 있다고?"

진심으로 나를 생각해 주는 두 분의 조언이었기에 흘려들을 수 없었다. 책을 읽고 있는 것이 업무에 소홀한 모습으로 보인다니. 한창 독서에 빠져 있고, 성장함을 느끼는 내게 그들의 조언은 충격이었다. 나는 오히려 나의 활동이 긍정적인 평가를 받을 수도 있겠다고 생각했다. 윗세대들과 그들을 통해 사회생활을 배운 내 또래 사람들의 생각이 나와 다를 수 있음을 느꼈다.

SNS에 책과 관련된 글쓰기를 중단했다. 내가 진정으로 원했던 것을 오랜만에 찾았는데, 내 삶에서 처음으로 성장하는 방법을 발견했는데, 그것이 부정적인 시선을 받게 된다니 억울했다. 답답했다. 세상에 순응하며 살아야 할지 고민에 빠졌다.

약 한 달간 고민의 시간을 가졌다. 그들의 말을 듣고 나니 책을 들고 있는 내 모습이 불편해졌다. 책 읽는 내 모습을 누군가 보고 부정적으로 보지 않을까 하고 마음 졸였다. 혼자 있는 공간이 아니고서는 책을 붙잡지 않았다. 그러다 보니 책 읽는 시간이 줄고, 불편한 마음 때문에 책을 보지 않게 되었다. 예전이었다면 책 읽지 않는 것은 아무런 문제 될 일이 아니었다. 하지만 이제는 책을 보지 않고 있는 내가 인생에서 뒤처지는 느낌이었다. 책 속의 다양한 지식을 알아가는 즐거움을 포기해야 한다는 생각에, 마음이 불편했다.

나는 깊이 고민했다. 그들의 조언인가, 내가 원하는 삶인가. 그 한 달간의 시간은 내 삶에서 가장 괴롭고 힘든 시간이었다.

'진급을 위해 독서를 멈추어야 할 것인가.'

07

난 내 색깔대로 살기로 했다

인생에 정답은 있는 것인가? 이런 질문을 던져본 적 있는지 생각해 보자. 나 역시 30년이라는 시간 동안 이런 질문을 나 자신에게 해보지 않았다. 책을 읽고 달라졌다. 질문하기 시작했다. 내 삶을 타인이 만들어놓은 길에 맞춰 살고 있음을 깨달았다. 답답함을 느꼈다. 그래서 계속 질문했다.

'과연 지금 이 삶이 올바른 길일까?'

선배들과 동료들의 조언은 하나같이 타당해 보였다. 내가 가보지 않은 길이었기에 이미 경험해 본 이들의 이야기는 가장 신뢰해야 하는 말이라 믿었다. 그 길에 나를 맞춰보려고 노력했다. 그러다 보니 주변 사람들과 나를 비교하며 주눅이 들었다. 선배들의 조언을 잘 듣고 성실히 따르는 동기는 상급자로부터 인정을 받았다. 그런 그가 부러웠다. 그에게 물었다.

"넌 선배들이 말하는 대로 잘 따르니까 인정을 받는 것 같아. 그런데 그게 네가 정말 하고 싶은 길이야?"

"아니, 윗사람이 그러기를 바라니까 나를 숨기고 맞춰가는 거지. 나도 이런 내가 마음에 들지는 않지만, 어쩔 수 없잖아."

안타까웠지만 현실적인 대답이었다. 가정이 있다 보니 현실을 생각해야만 했다. 내가 하고 싶은 것은 잠시 미뤄두는 것이 옳겠다는 결론을 내렸다. 세상이 원하는 길은 정해져 있다고 나 자신을 설득했다.

내 생각을 버리고, 주변에서 말하는 길을 걸어갔다. 상급자가 좋아하는 일을 하고, 성과를 내는 데 집착했다. 내 생각 따위는 버리고 시키는 대로 일만 했다. 책 읽는 시간은 자연스레 줄어들었다. 책보다는 교범을 읽고, 규정을 찾아보라는 조언에 따라 행동했다. 상급자가 원하는 사람으로 변해가고 있었다.

약 한 달이 지났다. 한 달 동안 SNS에 책에 대한 글을 올리지 않았다. 남들과 똑같이 살며 현실에 안주했다. 그것도 잠시, 나는 갑갑한 마음을 숨길 수 없었다. 책을 통해 얻었던 감격과 희열을 삶의 어느 곳에서도 찾을 수 없었다. 다시 책에 눈길이 갔다. 힘든 순간이 찾아올수록 책을 읽고 싶어졌다.

'이렇게는 안 되겠다. 내가 하고 싶은 것을 조금이라도 해보자.'

다시 책을 집어 들었다. 억눌려 있던 내 욕망은 그 순간 불을 만
난 장작처럼 타올랐다. 바쁜 일상이지만, 잠시라도 책을 읽으려고
노력했다. 짧은 시간에 집중해서 책을 읽었다. 아주 조금이라도 읽
고, 멈추어서 사색하려 노력했다. 작은 시간이 소중해졌다. 한 문
단이라도 읽고 생각을 정리했다. '극한의 순간에 생각지도 못한 일
들이 일어난다.'라는 말의 의미를 깨닫게 되었다.

읽고 정리한 글을 기록해두기로 했다. 누가 보지 않더라도 언젠
가는 활용할 지식으로 남겨두자는 마음에 적고 또 적었다. 블로그
에 글을 채워갔다. 일기를 쓰듯이 매일 생각을 적었다. 마음이 가
벼워졌다. 짧은 독서, 짧은 글을 쓰는 것만으로도 삶의 활력이 생
겼다. 그 순간 깨달았다.

'그래, 나는 나만의 색깔을 가져야겠다. 남들과 똑같이 살지 않겠어.'

중대장을 하면서 많은 부대원을 지휘했다. 한 달 동안 나답게
살지 않으면서 그들과 멀어짐을 느꼈다. 부하들을 내 업무에 필요
한 도구로만 생각했다. 마음을 바꿔서 부하들을 하나의 인격체로

보아야겠다고 마음먹었다. 만나는 부하들에게 좋은 글 한 문장과 함께 대화를 나누어야겠다라는 생각으로 밤이면 좋은 문장을 찾아 적어두었다.

해안중대장이던 나는 야간에 소초를 순회하며 순찰을 했다. 중대장이 소초에 방문하면 간부들이 나와 도열한다. 그들의 도열을 당연하게 생각했었다. 내가 하고 싶은 말만 했었다. 달라지기로 했다. 하루는 그들에게 따뜻한 인사를 건넸다.

"정현종 작가님의 글 중에 이런 말이 있어. '한 사람이 내게 오는 것은 어마어마한 일이다. 그는 그의 과거와 현재와 그리고 그의 미래와 함께 오기 때문이다.' 너희가 내 부하가 된 것과 인연에 감사하게 생각해. 고맙다."

그 말을 들은 소대장은 마음이 울컥했다. 딱딱하게만 대하던 내가 지휘관이 아닌 사람으로 보였다고 했다. 상급자, 부하로 만난 사이지만 결국 모두 '하나의 인격체'임을 책 속 문장을 통해 깨닫고 공감했다. 그 후, 우리는 끈끈해졌다.

그날을 계기로 내 생각은 확고해졌다. 남들과 같은 길, 똑같은 리더십을 가지려고 애쓰지 않기로 했다. 나만의 색깔로, 내가 생각하는 방향으로 인생을 살고 부하들을 대하기로 했다. 마음이 한결 나아졌다. 부하들과의 관계도 좋아지고, 업무도 자신감이 생겼다.

나를 보는 주변 사람들도 밝아진 내 모습에 함께 밝아졌다.

　독서는 사람의 생각을 변화시킨다. 생각의 변화는 행동의 변화로 이어진다. 행동의 변화는 관계를 변화시킨다. 관계의 변화는 삶을 풍족하게 한다. 나만의 색깔을 갖게 된 후, 모든 것이 편해졌다. 조금 늦어도, 내 속도에 맞게 살아가기로 했다. 나와 맞지 않는 길에서 허우적대던 어두웠던 현실이 밝은 빛을 되찾았다.

2명이서 시작했던 독서모임이 5명까지. 독하군 독서모임

　내 삶은 급격히 변하기 시작했다. 독서를 더 깊게 하고 싶어서 부대원들과 독서모임도 만들었다. 그리고 그 경험을 블로그에 정리해서 올렸다. 블로그에 글을 쓰는 것이 너무나 즐거웠다. 책을 더 깊게 읽을 수 있는 값진 경험이 되었다. 6개월간 17회의 독서모임을 진행했다. 그 기간에 엄청난 내적 성장을 했다. 부대원들의 대화

속에서 내가 더 많이 배웠다. 어리다고만 생각했던 용사들은 나보다 더 깊은 생각을 하고 있었다. 하루하루가 즐거움으로 가득 찼다.

국립중앙도서관에서 강연하게 된 저자

그러다 우연히 블로그에 올린 글이 기적을 만들었다. 국립중앙도서관에서 내 글을 보고 강연 요청을 해왔다. 독서 강연이었다. 내 진실한 글이 통했던 것이다. '부하들이 군 생활의 시간을 어떻게 하면 잘 보낼 수 있을까.'라는 고민을 했었다. 군에서는 남는 시간이 꽤 많다. 그 시간을 제대로 보내면 충분히 성장할 수 있을 것으로 믿었다. 독서와 만나면 더욱 좋겠다고 생각했다. '병영도서관'을 주제로 한 글을 국립중앙도서관 주무관님이 보셨다. 몇 주 후 나는 국립 중앙도서관에 강연자로 섰다. 내 삶은 변해갔다. 누구도 경험해 보지 못한 새로운 길을 개척했다. 나는 나만의 색깔을 찾았다.

08
국방일보 기고문 6회 채택의 비밀

'인풋(input)이 있어야 아웃풋(output)이 있다.'

밥을 먹어야 똥이 나온다. 들숨이 있어야 날숨이 있다. 자동차에 기름을 넣어야 자동차가 달릴 수 있다.(요즘은 전기차도 있으니 전기도 포함) 글쓰기도 마찬가지다. 눈으로 본 것이 있어야 쓸 수 있다. 한글을 알면 글을 쓰는 행위 자체에 문제는 없다. 단 좋은 글을 쓰기 위해서는 좋은 글을 읽어야 한다. 독서가 인풋(input)이고 글쓰기가 아웃풋(output)이다.

나는 군 생활을 하면서 국방일보에 기고문이 6회 채택되었다. 군 생활하며 1번 채택되기도 힘든 일을 6번이나 해냈다. 나에게 글쓰기에 대한 특별한 재능은 없다. 나는 글쓰기를 배워본 적이 없다. 수능시험에서 국어 점수는 중간이었다. 그런 내가 어떻게 신문에 6번이나 채택이 되었을까. 바로 독서의 힘이다. 글을 자주 읽다 보니 나만의 글쓰기 재능이 생긴 것이다.

제32회 대통령상타기 전국 고전읽기 백일장 시상식에서.. '23. 12. 2.(토)
독하군 독서모임으로 만난 감사한 인연, 윤병현 상사님과 함께

글쓰기가 점점 힘들어지는 시대다. 글 쓸 기회가 적어지고 있다. 손글씨를 쓰는 경험은 더 줄었다. 스마트폰으로 문자를 보내고, 그 문자 또한 각종 이해할 수 없는 줄임말을 쓰는 시대다. 줄임말을 쓰는 소통 방식은 글쓰기를 어렵게 만들고 있다. 심각한 문제다. 인간만이 가지고 있는 문자, 소통의 방식을 잃어가는 것이다.

취업을 위해서는 자기소개서를 쓴다. 이 또한 글쓰기다. 자신에게 아무리 좋은 능력이 있어도 나를 표현해 줄 글을 적지 못하면 능력을 발휘할 기회가 오지 않는다. 글 쓰는 노력이 필요하다. 독서를 해야 하는 이유다.

글쓰기가 어려운 이유는 글을 읽지 않아서다. 들어오는 것이 없이 나올 수 없다. 책을 읽는 것은 글쓰기를 위한 가장 필수적이고 확실한 방법이다. 책은 정제된 글이다. 누군가의 손에서 정리되고, 세상에 나온 글이다. 한 사람이 썼지만 수많은 사람에 의해 편집되고 수정되어 세상에 나온, 좋은 글이다. 믿고 읽어볼 가치가 있는 글이 책이다.

글쓰기를 잘할 수 있는 독서 방법은 무엇일까? 글쓰기를 익히는 방법은 다양하다. 글쓰기 초보였던 내가 글쓰기와 만난 과정, 방법에 대해 말해보겠다.

첫째, 책을 읽고 좋은 문장들을 찾아 필사한다. 책을 읽었을 때 나에게 좋은 문장은 다른 사람들에게도 좋은 문장인 경우가 많다. 사람들의 생각은 비슷하다. 좋은 문장을 찾아 베껴 써보고 머릿속에 넣자. 더 나아가서 그 문장의 단어들을 바꾸어가면서 나만의 문장으로 만들어보자. 나만의 좋은 문장을 쓸 수 있게 된다. 창조의 시작은 모방이다. 처음부터 좋은 글을 쓸 수 있는 사람은 없다. 좋은 글과 만나면서 나만의 글로 발전시켜 나가보자.

둘째, 좋은 문장에 대한 내 생각을 써보자. 좋은 문장을 만났다면 그 문장을 적고, 그 글이 내게 좋게 느껴진 이유를 적어보자. 길지 않아도 좋다. 한 줄이라도 적어보자. 그러면 그것이 또 다른 글이 된다. 누구도 만들 수 없는 나만의 글이 된다. 예를 들어보겠다.

'호기심이 없어진다는 것은 '남들과 다를 것이 없게 되었다.'라는 말과 다르지 않다.'

박용후 저자의 《관점을 디자인하라》의 한 문장이다.

이 문장이 내게 좋은 느낌으로 다가왔다. 이 문장 밑에 다음과 같이 적어보는 것이다.

'나는 남들과 차별화되기 위해 호기심을 잊지 않고 살아야겠다.'

간단한 문장이다. 글쓰기는 이렇게 시작된다. 자신의 생각을 조금만 더하면 글이 써진다. 한 문장으로 된 생각에서 두 문장, 세 문장 늘려간다면 어느덧 하나의 글이 된다. 글쓰기를 두려워하지 말고, 간단하게 쓰는 연습을 해보자.

셋째, 글의 구조를 정해놓고 글을 써보자. 한 가지 주제를 주고 백지를 내밀며 글을 쓰라고 하면 막막할 것이다. 그럴 때는 글의 큰 골자를 정해놓으면 글이 써진다. 이런 글쓰기 방식은 내가 존경하는 김을호 교수님의 〈WWH 1.3.1〉 방식이 있다. 이 방식은 모든 글쓰기에 적용이 가능하다. 자신의 주장을 먼저 말하고, 그에 대한 근거 3가지를 적고, 마지막에 결론으로 다시 한번 주장을 적어보는 것이다. 처음부터 하나씩 채워나가야 한다는 생각에서 벗어나면 글쓰기가 쉬워진다. 이 외에도 방법은 다양하다. 글을 쓰기 전 구조를 정해놓는 연습을 하면, 백지에 글을 쓸 때보다 수월하게 글을 쓸 수 있다.

넷째, 가장 중요한 방법인, 많은 독서를 하자. 처음에도 강조했듯이, 들어온 것이 있어야 나오는 것이 있다. 작가들도 글을 쓰기 위해 계속 책을 읽는다. 새로운 정보, 자극이 들어와야 새로운 글이 써지기 때문이다. 글을 잘 쓴다는 사람들도 책을 읽고 글을 쓰는데 글쓰기 초보가 책도 읽지 않고 글을 쓰겠다는 것은 어불성설(語不成說 : 말이 조금도 사리에 맞지 않음)이다. 잊지 말자. 글쓰기의 기본은 독서다. 100권 이상의 책을 쓰신 생물학 교수로 재직하셨던 최재천 교수는 말했다.

"독서는 '일'이어야 합니다."

독서를 단순히 취미로 생각하는 것이 아니라 일상의 하나로써 실천해야 하는 행동이라고 했다. 글을 많이 쓰고 싶다면 많이 읽어야 한다. 잘 쓰고 싶다면 깊게 읽어야 한다. 독서가 기본이다.

나는 스스로 글을 잘 쓴다고 말하지 않는다. '잘 따라 쓴다.'라고 말한다. 좋은 책의 지식과 글 구조를 배워서 내 것으로 만들 뿐이다. 앞으로도 글쓰기를 위해 더 많이 노력할 것이다. 더 많은 책을 볼 것이다. 국방일보에 10번 이상 기고되고, 나만의 칼럼을 주기적으로 쓸 것이다. 그러기 위해서 꾸준한 독서는 필수다. 읽었기에 쓸 수 있다고 자신 있게 말한다.

글쓰기를 잘 하고 싶은가. 더 많이 읽어야 한다. 읽고 베껴 써보고, 내 생각을 더해서 써보자. 구조를 잡아보고 글을 쓰는 연습을 해보자. 국방일보 6회 기고의 비밀이다. 백일장에서 수상을 하고, 일간지에 글이 실릴 수 있었던 이유다. 당신도 할 수 있다. 이 책을 끝까지 읽으며 독서법을 익히고 실천해 보자. 당신도 책을 쓰는 사람이 될 수 있다. 나 같은 사람도 해냈기에 누구든 가능하다.

국방일보에 게재된 저자의 글들

2장

읽고 쓰고 실천하며 성장하는 독서

누구에게나 삶은 한 번뿐이다. 시간은 한정적이다. 한 사람의 인생에서 다양한 삶을 살아가는 것은 물리적 한계가 따른다. 경험을 할 시간 또한 제한적이다. 그 물리적 제한을 극복하는 것은 간접경험이고, 간접경험의 최고봉은 독서다.

01

책 한 권 읽는다고 사람이 달라질까

"책을 읽기 시작하면 삶이 달라지나요?"

결론부터 말하겠다. 절대 달라지지 않는다. 책을 읽는다고 한 순간에 삶이 달라질 수 없다. 독서를 통한 성장은 느리다. 그래서 많이 포기한다. 한 권의 책을 읽었다고 해도 책을 덮으면 남는 것이 없다. 독서 초보에게 당연한 일이다.

독서와 비교하기 좋은 활동이 운동이다. 헬스장에서 하루 운동했다고 체력이 급상승하지 않는다. 처음 헬스장을 다녀오면 다음 날 몸이 아프다. 알이 배긴다. 무리했다가는 며칠간 운동을 못 한다.

독서와 운동은 초반부터 극적인 변화를 바라면 안 된다. 인내의 시간이 필요하다. 자신의 능력치 이상의 무리한 시도를 해서는 안 된다. 금방 지친다. 금세 포기하고 싶은 마음이 생긴다.

조금씩, 천천히, 꾸준히.

독서와 운동은 물론, 모든 자기 계발에서 명심해야 할 말이다.

독서를 시작할 때 목표를 잘 설정해야 한다. '하루에 30분을 읽겠다.', '하루 50페이지를 읽겠다.'라는 목표는 오래가지 못한다. 하루에 1쪽 또는 1단락만 읽겠다는 마음으로 시작하자. 작은 목표를 설정하면 실행에 있어 부담이 줄어든다. 내용은 기억나지 않아도 좋다. 책을 읽었다는 사실이 중요하다. 작은 목표로 시작하다 보면 1권을 읽는 날이 찾아온다.

처음으로 책 1권을 읽게 되면 짜릿한 쾌감이 올 것이다. 그게 전부다. 그 이상을 바라지 말자. 처음 책을 읽고 극적인 삶의 변화는 없다. 1권, 2권 쌓이면서 책과 친해지고, 책 읽는 것이 일상이 되는 날이 올 때까지 버티자. 조급한 마음을 버리자.

책을 읽었는데 달라지는 게 없다는 의심을 버려야 한다. 나와 책은 맞지 않는다는 성급한 생각도 버리자. 책과 함께 지내다 보면 나도 모르는 사이에 깨달음이 찾아온다. '독서 근육'이 생기면 오래, 많이 볼 수 있는 힘이 생긴다. 그때부터 성장은 시작된다.

독서 근육이 발달하면 다양한 경험이 찾아온다. 5kg 아령밖에 들지 못했던 사람이 꾸준히 운동하면 20kg 아령을 들 수 있다. 사람마다 시간의 차이는 있지만, 꾸준히 하면 분명 그 시점이 찾아온다. 20kg 아령을 들 정도가 되면 다른 기구를 활용한 응용 동작이 가능해진다. 여러 종류의 기구, 다양한 자세의 운동이 가능해진다. 기초가 갖춰져야 응용도 가능해진다. 독서도 마찬가지다. 자신만의 독서법이 생겨야 빠르게 읽을 수 있고, 중요한 부분을 집어내고 불필요한 부분을 넘길 수 있는 혜안이 생긴다. 누가 알려주지 않아도 알아서 느끼게 된다.

세상에 다양한 독서법이 있지만, 가장 좋은 것은 나에게 맞는 '나만의 독서법'이다. 그것을 찾아가는 방법이 쉽지 않기 때문에 다른 사람의 독서법을 벤치마킹하면 좋다. 이 책을 통해 다양한 독서법을 소개하겠지만, 나의 독서법이 정답은 아니다. 자신만의 독서법을 찾는 날이 올 때까지 여러 방법을 시도해 보고, 내 것으로 만들어보자.

나만의 독서법이 생겼을 때 비로소 한 권의 책을 읽고 삶이 달라질 수 있다. 책에서 무엇을 얻을지에 대한 판단이 선다. 책을 선택할 수 있는 주관이 생긴다. 내게 맞는 책을 찾을 수 있는 눈이 생긴다. 나에게 필요한 책을 만나면 깊은 독서가 가능해진다.

만약 내게 필요한 한 문장과 만난다면! 그 순간 엄청난 전율과 함께 세상이 달리 보인다. 그 문장 하나를 붙들고 여러 가지 생각을 하며 나만의 생각을 확장할 수 있다. 그런 경험이 '인생 책'과 만나는 과정이다. 그 순간에 하는 말이 바로 '책 1권으로 내 삶이 바뀌었다.'이다.

"책 한 권 읽고 사람이 달라질까요?"

위 질문에 대해 경우에 따라 다른 답이 나올 수 있다. 독서 초보와 독서 고수에게 이 문장에 대한 답은 다르다. 자신 있게 "예."라고 말할 수 있는 단계가 당신에게 오기를 바란다. 그 순간이 찾아오면 여러분은 제법 독서를 한 것이다.

다만 주의해야 할 것이 있다. 나에게 좋은 책, 인생 책이 다른 이에게도 좋을 수는 없다. 좋은 책 한 권으로 내가 달라지는 것이 아니라 그동안 쌓아온 책 속 지식이 쌓이고 그것이 좋은 책 1권과 만나는 순간에 변화가 일어나는 것이다.

다른 사람의 삶과 독서 과정이 나와 일치할 수 없다. 그렇기에 내게 좋은 책을 다른 이에게 강요하지 말자. 좋았던 경험과 함께 책을 추천해 줄 수는 있지만, 그 책을 읽고 다른 사람이 달라질 것이라는 기대는 하지 말자. 모든 사람의 삶은 다른 경험과 맥락이 있는 것이다.

내 '인생 책'을 읽은 다른 사람과 대화를 나누어보는 것은 좋은 경험이다. 내가 느낀 좋은 부분을 다른 사람도 같은 느낌을 받았음을 알게 될 때, 기분이 좋다. 내가 무심코 넘겼던 문장이 다른 사람을 통해 알게 되어 감명을 받으면 기분이 더 좋다. 나에게는 감동이 없던 문장이 다른 사람에게 큰 감명이 된 경험을 들으면, 나와 다른 생각을 알 수 있는 기회가 되어 생각의 폭이 넓어진다. 내 삶을 바꾼 1권의 책이라고 생각이 된다면, 많은 사람과 함께 읽고 생각을 나누어보자. 또 다른 경험이 될 것이다.

좋은 책을 만났을 때 더 좋은 경험은 그 책을 쓴 저자와 만나는 것이다. 요즘은 인터넷과 동영상 콘텐츠가 많이 발달되어서 책을 쓴 저자를 영상으로 볼 기회가 많다. 책을 읽고 저자의 이야기를 영상으로 만나면 책은 더 깊이 내 마음속으로 들어온다. 더 좋은 경험은 저자와 오프라인에서 만나는 것이다. 영상을 통해 만나는 것은 간접 만남이다. 기회를 찾고 저자를 만나보기를 추천한다.

저자는 독자가 자신의 책 속 문장에 대한 이야기를 해주면 기분이 좋아진다. 저자는 그 문장이 만들어진 과정, 그 문장 속 깊은 속뜻을 알려준다. 그렇게 만난 책은 더욱더 삶을 변화시킬 것이다. 좋은 책을 읽고 저자와 만난 경험은 이 책의 뒤에서 자세히 다루겠다.

책을 통해 삶은 변할 수 있다. 문제아였던 내가 책을 출간하고 작가가 된 것이 가장 큰 증거다. '사람은 변하지 않는다.'라는 말이 있다. 동의한다. 아니, 일부 동의한다. 사람의 본성은 크게 변하지 않는다. 다만 책을 통해 삶을 대하는 태도가 달라질 수 있다. 생각이 달라지고 태도가 달라지면 삶의 변화가 찾아온다. '나'라는 존재는 변하지 않지만, 내가 만들어 가는 삶의 여정은 달라진다. 살면서 만난 그 어떤 변화보다 극적일 것이다. 다만 시간이 조금 필요할 뿐이다.

책 한 권에는 수많은 지식이 있다. 저자의 오랜 고민과 연구 결과가 녹아있다. 그 지식이 내 것이 되었을 때는 또 다른 지식과 지혜가 된다. 삶의 변화를 주는 길이다. '책 속에 길이 있다.'라는 말의 의미는 바로 이것이다. 모두가 가는 길이 아니라 나만의 길, 나만의 삶의 지혜를 만들어주는 독서를 해보자.

책 한 권으로 사람은 달라질 수 있다. 당신의 삶에 그 순간이 찾아오기를 바란다.

02
빡센 군대 생활한 사람과 빡센 독서를 한 사람의 공통점

우리나라에는 다양한 특수부대가 있다. 인간의 한계를 극복하는 훈련을 하는 이들. 이런 부대에서 근무한 사람들을 일컬어 이른바 '빡센' 군 생활을 했다고 말한다. 빡센 군 생활을 한 사람들과 만나서 대화를 해본 경험이 있는가. 이들에게는 왠지 모를 후광과 포스가 느껴진다.

독서를 제대로 한 이들을 만나본 적 있는가. 독서에 진심이고, 독서를 통한 실천이 습관이 된 사람, 독서로 인생을 바꾼 이들, 독서의 깊이가 남다른 사람들. 이들과 대화를 해보면 깊이가 느껴진다. 말 한마디에서 나오는 깊이와 생각의 차이에 절로 고개가 숙여진다. 그들은 '빡센 독서'를 한 사람들이다.

군 생활을 하면서 만난 빡센 군인들과 독서와 가까워지며 만나게 된 빡센 독서가들에게서 몇 가지 공통점을 발견했다.

첫째, 아는 것에 대해 말을 아끼는 '겸손함'이 있다. 극한을 경험하고, 생사를 오가는 훈련을 한 이들은 자신의 군 생활을 자랑하지 않는다. 오히려 군 생활을 어설프게 하거나 편하게 한 사람들이 군대 이야기할 때 말이 많다. 혼자 나라를 다 지킨 것인 양 말이 장황하다. 본인이 근무한 부대가 세상에서 가장 힘든 곳처럼 말한다. 진짜 군인들, 빡센 군인들은 말을 아낀다. 우리나라에서 가장 힘들기로 소문난 특수부대를 경험한 한 군인과 대화를 나누어보았다. 그에게 군 생활에 관해 물었다. 단 한 마디를 말했다.

"저보다 더 힘들게 복무하신 선배님들이 계셔서 말하기 부끄럽습니다."

그의 겸손함에 감히 내 군 생활을 말할 수 없었다.

독서와 가까워지며 빡센 독서가를 많이 만나게 되었다. 그분들에게 독서에 관해 묻고, 독서를 통해 얻은 지식을 물으면 공통적으로 해주시는 말씀이 있었다.

"독서를 하면 할수록 내 부족함을 알게 됩니다. 더 많은 독서를 해야 함을 느낍니다."

늘 손에서 책을 놓지 않는 독서가들은 겸손했다. 알고 있는 지식에 관해 설명을 해주지만 모든 것을 알고 있듯이 말하지 않는다. 오히려 짧은 지식, 얇은 독서를 한 이들은 모든 것을 깨달은 것처럼 말한다. 책 속의 몇 줄을 통해 마치 그 분야를 다 아는 것처럼 말한다. 겸손하지 못한 태도다. 독서를 제대로 하다 보면 자신의 부족함을 깨닫게 된다. 겸손해지게 된다. 그렇기에 독서는 평생에 걸쳐 해야 한다. 당신의 모습은 어떠한지 되돌아보자.

둘째, 보통 사람과 다른 '눈빛'을 가지고 있다. 특수부대 사람들과 만나서 그들의 눈을 본 적이 있는가. 눈빛이 깊고 강렬하다. 알 수 없는 강렬함에 눈을 마주치기 힘든 경우도 있다. 흔들리지 않는 눈빛은 자신감이다. 그것은 단기간에 만들어진 것이 아니다. 고된 훈련과 경험을 통해 얻게 된 힘이 눈빛에서 나오는 것이다.

책을 읽고, 삶에 적용하며 살아가는 진짜 독서가들 또한 남다른 눈빛을 가지고 있다. 맑고, 총명하고, 생기 있고, 자신감에 찬 눈빛이다. 어떤 문제가 닥쳐도 흔들리지 않는 눈빛을 가지고 있다. 그 이유는 다양한 독서를 통해 다양한 상황을 미리 간접경험했기 때문이다.

독서를 많이 한 이들은 어려운 상황에서도 자신의 마음을 잘 컨트롤한다. 사람은 누구나 새로운 상황, 어려운 상황에 놓이면 당황하기 마련이다. 문제와 마주했을 때 잠시 멈추어 문제의 본질을 바라보는 힘이 필요하다. 그 힘을 길러주는 것이 독서다. 독서는 단순히 읽는 것이 아니라 읽은 것을 토대로 잠시 멈추어서 생각하도록 하고 사색을 하게 만든다. 그 단계까지 가는 것이 진정한 독서다. 그래서 독서가들은 어떠한 문제와 마주했을 때도 당황하기보다, 문제의 핵심을 생각한다. 내 위치와 능력을 판단하고, 문제에 대한 해결책을 찾는다. 독서를 통해 훈련된 생각법이다. 그렇기에 총명하고 생기 있고 자신감 있는 눈빛을 갖게 되는 것이다.

셋째, 말보다는 행동하는 '실행력'을 가졌다. 충성심 강하고, 강인한 군인들은 군말이 없다. 임무가 부여되었을 때 핑계보다는 행동한다. 임무를 시작한 후 제한사항이 생길 때 보고하고 해결책을 찾는다. 제대로 독서를 한 이들도 마찬가지다. 그들은 책의 내용을 삶에 즉시 적용한다. 책 속의 지식을 자신의 지혜로 만들어 가기 위해 실천한다. 그런 실행력은 짧은 책 읽기로는 불가능하다. 삶에 적용하는 독서는 훈련이 필요하다. 책 속에서 좋은 지식과 만났다면 사색해야 한다. 삶에 적용할 방법을 고민해야 한다.

독서를 깊이 하지 않은 이들은 좋은 지식을 만나도 행동보다는 말이 많다. 새로운 정보를 알았다는 것에 만족할 뿐이다. 그것을 삶에 적용하려는 생각보다는 알리려고만 애쓴다. 이는 지식의 전달일 뿐이다. 자신의 삶에 적용하고 실천 후 자신만의 지혜로 만들어야 진짜 독서가다. 실행하는 독서를 하자.

넷째, 고난과 역경 앞에서의 '강한 멘탈'을 가지고 있다. 강한 훈련을 통해 강력한 정신력을 가지게 된 군인들은 두려움 앞에서 더욱 강해진다. 때로는 죽음 앞에서도 끝까지 싸우기도 한다. 고난과 역경은 그들을 더 강하게 만든다. 니체가 말했다.

'나를 죽이지 못하는 고통은 나를 더 강하게 만든다.'

진짜 군인들은 고통과 역경을 이겨내는 멘탈을 가졌다.

책을 통해 마음을 다스릴 줄 아는 진짜 독서가들은 시련 앞에 흔들리지 않는다. 힘들 때 더 많은 독서로 지식을 찾고 자신만의 지혜를 발견한다. 책 속의 답을 찾아 적용하면서 문제를 극복해낸다. 고난 앞에 무너지지 않고 길을 찾아 나선다.

세상에는 알지 못하는 다양한 문제가 있다. 그 문제에 대한 완벽한 정답은 없지만 해결해 나갈 방향은 존재한다. 그 방향은 책 속에 있다. 책은 한 저자의 삶 속 경험이 녹아있다. 오랜 시간 고민한 지식이 담겨 있다. 그 속에서 내 문제의 해결책에 도움을 줄 지식을 찾고, 내 삶에 적용하는 독서를 해보자. 진짜 독서가들은 그 방법을 알기에 계속 독서를 한다. 고난과 역경을 이겨내는 멘탈은 다양한 독서를 통해 얻을 수 있다. 고민하는 힘, 생각하는 힘이 단단한 마음을 만들어준다.

군 생활을 제대로 한 군인, 독서를 진심으로 한 독서가들의 공통점을 살펴보았다. 당신도 가능하다. 진심을 담아 제대로 독서를 하면 비로소 겸손함, 자신감에 찬 눈빛, 실행력, 강한 멘탈이 생길 것이다. 과정은 쉽지 않다. 몇 권의 책을 읽었다고 생기지 않는다. 제대로, 빡세게 독서를 해야 한다. 그 단계에 도달하는 시간은 개인마다 다를 것이다. 하지만 분명 찾아온다. 믿음을 갖고 독서를 해보자.

사람이 만든 책보다 책이 만든 사람이 더 많다

'사람은 책을 만들고 책은 사람을 만든다.'

광화문 교보문고 앞 비석에 새겨진 문구다. 이 문장을 보고 절로 고개가 끄덕여졌다. 사람에 의해 만들어진 책은 다른 사람에게 전달된다. 전달된 책은 읽혀서 사람을 변화시킨다. 사람을 가장 빠르게 변화시킬 수 있는 매개체는 바로 책이다.

책이 사람을 변화시킨다고 하지만 정말 가능할까? 말처럼 쉽게 된다면 세상은 평화로웠을 것이다. 범죄를 저지르는 사람이 없을 것이다. 시기, 질투가 사라졌을 것이다. 단순히 책만 읽는다고 사람은 변하지 않는다. 책을 읽은 후의 과정이 사람을 변화하도록 만드는 것이다.

책을 읽었다면 반드시 멈추어서 생각해야 한다. 수없이 강조하고 또 강조해야만 하는 부분이다. 잠시 멈추어 책의 내용을 되새기며 사색을 해야 한다. 내 삶에 적용할 방법을 고민해야 한다. 내 삶을 변화시킬 방법을 떠올려야 한다. 그 과정에서 책이 사람을 만든다. 이를 통해 한 사람이 다른 사람으로 만들어지는 것이다.

광화문 교보문고 앞 비석

사람을 다른 사람으로 만든다는 것은 무슨 의미일까.

인간은 완벽한 존재가 아니다. 유명하고 존경받는 사람들조차 완벽하지 않다. 다듬어져야 한다. 부족한 부분을 채우고자 노력해야 한다. 그 노력을 통해 조금 더 보완된 하나의 인격체가 되는 것이다. 사람이 만들어져가는 과정은 빈틈을 채워가는 것이다. 물질적인 것으로 채우는 것이 아닌 지식과 지혜로 빈틈을 채워가야 한다. 그래야만 비로소 사람은 다른 사람이 되는 것이다.

사람들은 왜 책을 쓸까. 왜 힘들게 얻은 나만의 지식을 글로 정리하고 책으로 만드는 것일까. 그 마음에는 인간에 대한 사랑이 있다. 보다 나은 세상을 만들기 위해, 보다 성숙한 인간을 만들고자 하는 사랑이 저자로 하여금 책을 만들게 한다. 내 지식을 나누면서 타인의 생각에 변화를 주고, 삶에 전환을 맞이하게 해주고자 하는 타인을 향한 마음. 사람이 책을 쓰고, 만드는 이유다. 내가 힘든 과정과 노력을 들여 글을 쓰는 이유는 한 사람이라도 독서의 길로 안내하고자 하는 마음 때문이다.

책과 만나 변화되는 삶은 그야말로 기적이다. 이전과는 전혀 다른 인생이 찾아온다. 세상을 바라보는 시각이 달라진다. 같은 시간, 같은 공간에 있어도 다른 마음가짐이 생긴다. 변화를 통해 느낀 쾌감, 성취감, 만족감을 다른 이들도 느끼기를 바란다. 인간에 대한 배려, 관심, 사랑에서 책은 쓰인다.

다른 목적이 있다면 그 책은 좋은 책이 아니다. 자신의 잘남을 드러내고자 하는 책, 지식을 과시하려고만 하는 책, 듣기 좋은 말로 올바르지 못한 정보를 적어 사람을 현혹시키는 책은 피해야 한다. 그런 책과 만날 수도 있다. 그럴 때 올바르게 바라보는 눈을 갖기 위해서는 이미 인정받은 책들을 읽어야 한다. 고전을 읽어야 하는 이유다.

수백 년을 살아남은 고전에는 힘이 있다. 수많은 이들로부터 인정받은 '좋은 책'이다. 수많은 사람을 진정한 '사람'으로 만든 책이 고전이다. 그런 책을 읽고, 느끼고, 사색하자.

책 한 권이 세상에 나오면 한 명에게만 읽히지 않는다. 최소 수십 명에서 최대 수만 명에게도 읽힌다. 고전은 우리가 생각하지 못한 숫자만큼의 사람들에게 읽혔다. 고전을 통해 수많은 사람이 만들어졌다. 그렇기에 사람이 만든 책보다 책이 만든 사람이 더 많다고 하는 것이지 않을까.

좋은 책 한 권은 오랜 시간 남아 수많은 사람을 변화시킨다. 그런 책을 만드는 것은 글 쓰는 사람들의 꿈이다. 그런 꿈들이 서점 속에 빼곡히 꽂혀 있다. 누구나 한 번쯤 읽어 본 유명한 책도, 우리가 모르는 책도 책을 쓴 저자의 마음은 같다. 사람을 만들기 위해서이다. 저자처럼 성장하는 사람, 저자보다 더 빨리 깨우쳐 세상을 바꾸는 사람들이 나오기를 바라는 마음이 책 속에 있다. 힘들고 어렵게 얻은 지식을 나누고자 하는 마음이 책 속에 담겨 있다.

그런 저자의 마음을 생각하고 책을 손에 잡는다면 책이 달리 보일 것이다. 같은 책이라도 내 마음에 다른 울림을 줄 것이다. 어떤 마음으로 독서를 하는지에 따라 개인의 변화는 차이가 난다. 가볍게 책을 읽는 사람과 온 마음을 다해 책을 읽는 사람은 독서가 끝난 후 결과가 다르다. 어린아이의 글이라도 깊게 생각하여 자신을 반성하는 마음이 생겼다면 깨달음을 얻을 수 있다. 온 세상이 인정하는 작가의 책이더라도 흘려 읽으면 글자 읽기로 끝이 난다. 책을 제대로 읽겠노라 마음먹었다면 책 읽기를 시작하기 전 마음가짐부터 다잡아야 한다. 그래야만 저자와 진정한 소통을 할 수 있다. 저자가 말하고자 하는 것이 무엇인지 고민하고 하는 독서와 무심히 시작한 독서는 다르다. 책 한 권을 읽더라도 효율적으로, 능률적으로, 가성비 있게 읽는 독서가가 되어보자.

당신은 책만 읽는 사람인가, 책을 읽고 '사람'이 되고자 하는 사람인가. 잠시 멈추어 이 질문에 답을 해보자. 내 독서의 목표가 무엇인지 생각해 보면서 멈추어서 사색해 보자. 이 질문에 대한 당신만의 결론을 만든다면, 지금까지와는 다른 독서를 경험하게 해줄 것이다.

책으로 행복한 사람, 제대로 된 사람, 다른 사람이 되기를 바란다. 당신을 만들어줄 책은 세상 어딘가에 반드시 있다.

04
합법적으로 군대 울타리 넘어가는 방법

인생을 살면서 중요한 것 중 하나가 '경험'이다. 군인인 나에게 경험은 너무나도 큰 자산이다. 군 생활을 하며 매 순간 느낀다. 특히 입대한 장병들을 보면 더 절실히 깨닫게 된다. 아무리 좋고 유명한 명문대를 나와도 군에 입대하면 선임을 뛰어넘을 수 없다. '짬밥' 차이다. 하루라도 군 생활을 빨리 경험한 사람은 그만큼의 노하우가 있기 때문이다. 경험이 주는 가치와 차이다.

군인이 아니어도 경험의 가치를 느낄 수 있을 것이다. 이제 막 입사한 신입사원이 아무리 뛰어난 두뇌를 가지고 있어도 대리의 능력치를 단숨에 뛰어넘을 수는 없다. 시간이 지나며 능력의 간극은 좁혀질 수 있지만 단기간에는 불가능하다. 경험의 차이다.

누구에게나 시간은 동일하다. 젊은 사람이 오래 산 사람만큼 시간을 가지고 경험을 하는 것은 물리적으로 불가능하다. 다만 시간의 한계를 극복할 방법은 있다. 바로 독서다. 독서는 간접경험을 가능하게 한다.

한 권의 책에는 저자의 경험이 담겨 있다. 저자가 살아온 인생, 오랜 시간을 투자해 쌓아온 지식을 글로 적은 것이 책이다. 그 책을 읽으면서 우리는 저자의 삶을 간접적으로 경험해 볼 수 있다. 저자의 지식과 만날 수 있다. 그것을 나만의 것으로 만든다면 지식은 지혜로 변한다. 저자의 경험을 내 지식으로 바꾸는 과정이 진정한 간접경험이다.

여행에 대한 쓴 책을 읽어보면 여행지를 가보진 못하지만 상상할 수 있다. 여행이 주는 감동은 글로 적었을 때 더 풍성해지기도 한다. 가보지 못한, 갈 수 없는 장소를 내 앞으로 가져오는 일. 독서라는 간접경험이 주는 매력이다. 간접경험을 통해서 나보다 나이 많은 사람, 나보다 더 먼저 일한 사람들과의 시간 차를 줄여나갈 수 있다.

징병 제도에 의해 군에 입대한 장병들 대다수는 군 생활이 답답할 것이다. 청춘의 시간을 군이라는 울타리 속에서 보내야 하는 것은 견디기 힘든 일이다. 나는 20대 초반 사관학교에 입학해서 20대를 온전히 군에서 보냈다. 그 시간 속에서 답답함을 느낄 때가 있었다. 군인은 이동에 제약이 있다. 언제 전쟁이 벌어질지 모르기 때문에 평소에는 부대로부터 일정 지역을 벗어나지 못한다. 이는 군인의 숙명이다. 그 시간을 20대에 경험했기에 청춘들의 갑갑함을 너무나도 잘 안다.

군대 안에서는 울타리 밖 세상이 그립다. 군대 울타리를 넘고 싶은 이유 중 하나다. 세상과 만나고 싶기 때문이다. 나를 둘러싼 울타리를 걷어내고 세상과 소통하고, 경험하고 싶기 때문이다. 너무 답답하면 울타리를 넘어버리면 되지 않나 생각할 수 있지만 현실적으로 불가능한 일이다. 울타리를 넘게 되면 그것은 탈영이 되기 때문이다. 탈영에는 법적 처벌이 따른다. 내 옆의 울타리를 물리적으로 넘을 방법은 없다. 그런데 과연 그럴까?

관점을 바꿔보자. 울타리를 반드시 물리적으로 넘어야만 할 것인가. 세상과 직접 만나는 것만이 자유를 얻는 것일까. 세상 속에 있어도 내 마음이 닫혀있다면 세상은 지옥과 다름없다. 내 마음과 정신이 열려 있고 깨어있어야 한다. 열린 마음과 깨어있는 정신을

갖는다면 그곳이 어디든 자유를 느낄 수 있다.

나를 힘들게 하고, 가두는 것은 내 마음이다. 반복되는 일상 속에서 새로운 경험을 찾으려 노력하고, 새로운 마음가짐을 가져보기 위해 마음먹어보자. 독서를 통해 간접경험을 해보자. 간접경험으로 새로운 세상과 만나려고 노력하면 울타리 안에 있어도 자유로울 수 있다. 군대라는 울타리 안에 갇혀 있다고 생각하던 내 마음과 정신을 세상과 만나게 하는 방법은 독서다.

책을 읽으며 저자와 대화를 나누어보자. 그의 경험을 공유해 보자. 그의 지식을 내 것으로 만들려고 노력해 보자. 삶에 고민이 있다면 그 분야의 책을 찾고, 고민을 해결하기 위한 질문을 옆에 두고 책을 읽어보자. 해결책이 보이고 길이 보일 것이다.

길을 안내해 주는 한 문장과 만난다면 멈추고 생각해 보는 사색의 시간을 가져보자. 그 순간, 울타리 안에 갇혀 있다고 생각했던 갑갑함은 사라진다. 또 다른 세상과 만나는 시간이 펼쳐진다. 울타리라는 물리적 공간은 더 이상 제약이 되지 않는다.

누구에게나 삶은 한 번뿐이다. 시간은 한정적이다. 한 사람의 인생에서 다양한 삶을 살아가는 것은 물리적 한계가 따른다. 경험을 할 시간 또한 제한적이다. 그 물리적 제한을 극복하는 것은 간접경험이고, 간접경험의 최고봉은 독서다. 다양한 경험을 통해 삶의 지혜를 얻고자 한다면 가장 쉽고 빠른 방법인 독서를 해보자.

책과 함께라면 지구 반대편도 갈 수 있다. 오래전에 세상을 떠난 저자와 대화를 나눌 수 있다. 가만히 앉아 현실을 탓하던 시간을 책을 읽는 시간으로 바꾸면 멈추어있던 시간이 성장의 시간으로 변한다.

책을 읽는 순간은 두 사람의 침묵이 만나는 시간이다. 책을 읽고 있는 독자의 침묵, 책을 쓰고 있던 저자의 침묵. 그 침묵이 만나서 서로에게 묻고 답한다. 침묵 속에서 다른 세상을 경험할 수 있다. 그 희열을 느낀다면 책을 놓을 수 없다. 그 순간과 만나는 것은 단시간에 찾아오지 않는다. 조금씩, 천천히 다가온다. 하지만 만나는 순간 폭발적인 삶의 에너지를 줄 것이다. 그 어떤 경험과도 바꿀 수 없는 순간이 될 것이다. 나를 둘러싸고 있는 공간이 내 정신까지 가둘 수는 없음을 알게 될 것이다. 그렇기에 많은 책을 읽고 더 많이 간접경험해 보기를 바란다.

삶을 바꿔줄 기회는 멀리 있지 않다. 주변을 둘러보면 우리 삶 속에는 도서관이 있다. 군대에는 어느 곳이나 병영도서관이 있다. 도서관에는 평생 읽어도 다 읽지 못할 책들이 있다. 평생을 살아도 할 수 없는 경험들이 담겨 있다. 절대 놓치지 말자. 군대는 인생에서 잠시 멈출 수 있는 시간이다. 멈추어서 책과 만나 새로운 경험을 만나면 전역하는 날에 엄청난 변화가 생길 것이다. 전역하는 날이 삶이 바뀌는 날이 될 수 있다.

군대에서 내 육체가 울타리를 뛰어넘을 합법적 방법은 없다. 그러나 책을 통해 다른 세상과 만나는 경험을 통해, 정신의 세계는 울타리를 뛰어넘어 어디든 갈 수 있다. 의무적으로 보내야만 하는 어쩔 수 없는 시간이라면 다른 방법으로 극복해 보자. 오늘 내게 주어진 시간은 돌아오지 않는다. 젊음의 시간을 흘려보내지 말자. 직접 경험이 제한된다면 간접경험을 해보자. 책을 들고 또 다른 세상과 만나자. 수많은 간접경험으로 삶의 경험을 이뤄내자. 울타리를 벗어나는 그날 만나게 될 세상은 당신의 세상이 될 것이다. 지금 당장 가까운 도서관으로 가서 다양한 인생의 경험들과 만나보자.

05
군대에서 효율적으로 시간을 관리하는 방법

18개월, 78주의 시간.

인생 전체로 보면 짧은 시간이다. 하지만 20대 청춘에게 18개월은 결코 짧게 느껴지지 않는다. 18개월이라는 시간은 매우 힘든 시간이 될 수 있다. 20대 청춘들에게 부여되는 병역의 의무를 이행하는, 18개월의 군 생활이 그중 하나다. 군 생활의 18개월을 반기는 사람은 많지 않을 것이다. 반갑지 않기에 한없이 길게만 느껴질 수 있다.

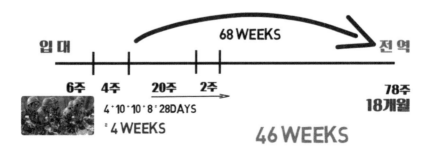

길게만 느껴지는 군 생활의 시간. 그렇다면 힘든 마음과 부정적인 생각을 가지고 18개월을 보낼 것인가. 관점을 달리해 긍정적으로 바라봐보자. 피할 수 없다면 즐겨야 한다. 18개월이라는 시간 전체가 군 생활이 아니다. 지금부터 18개월을 달리 바라보도록 해보겠다. 관점이 바뀌면 군 생활에 대한 마음가짐이 달라질 것이다.

용사로 군에 입대하면 누구나 신병교육기간을 거친다. 약 6주다. 군 생활 중 가장 기억에 남는 기간이다. 처음에는 어색하지만, 이때만큼 수많은 동기와 함께 할 기간은 다시는 돌아오지 않는다. 처음 경험한 군에서의 시간과 훈련으로 시간이 엄청나게 빠르게 흘러간다. 하루하루 정신없이 많은 교육을 받다 보면 6주라는 시간은 그야말로 눈 깜짝할 새 지나간다.

신병교육 수료 후 자대로 배치된다. 그곳에서 이등병에서부터 병장까지 군 생활을 하게 된다. 계급이 올라가면 각각의 계급에 맞춰 휴가가 주어진다. 이를 정기휴가라 부른다. 신병 위로휴가 4일, 1차 정기휴가 10일, 2차 정기휴가 10일, 3차 정기휴가 8일. 기본적으로 부여되는 휴가가 28일, 4주다.(2024년 1월 기준)

18개월인 78주에서 신병교육 6주와 정기휴가 4주를 제외하면, 68주다. 아직도 한참 남은 것같이 느낄 것이다. 좋은 소식이 있다. 일주일 중에는 주말이 이틀이 있다. 남은 68주의 주말을 계산해 보면 136일, 주차로는 20주나 된다. 여기에 명절, 국경일 등 공휴일을 계산해 보면 연간 약 14일, 2주다. 18개월로 계산해 보면 주말과 공휴일은 약 22주나 된다. 이제 46주가 남는다. 아직 길어 보이는가.

하루를 생각해 보자. 특수한 부대를 제외하고, 일반 부대의 일과는 6시에 기상해서 22시에 취침한다. 그중 일과를 하는 시간은 08:30분에서 17:30분까지, 약 9시간이다. 점심시간을 빼면 8시간이다. 24시간 중 8시간, 즉 하루의 1/3만 일과를 하면 된다. 군 생활이라고 생각했던 46주 중에서 1/3인 18주, 시간으로는 3,024시간이 진짜 군 생활로 보내는 시간이다.

18개월인 13,104시간 중 고작 3,024시간이 온전한 군 생활이다. 이렇게 생각하면 정말 얼마 되지 않는 시간이다. 물론 불침번 및 당직 근무나, 기타 부대에서 부득이하게 움직이게 만드는 시간이 있을 수 있다. 하지만 대부분은 3,024시간이라는 시간 속에서 복무를 한다. 100% 공감하지 않을 수 있다. 작전, 훈련, 야간근무 등을 빠지다 보면 더 긴 시간이 될 수 있음을 인정한다.

나는 입대를 하게 될 이들, 입대하여 군 생활 중인 사람들이 마음가짐을 달리해보면 좋겠다는 생각으로 군 생활의 시간을 계산해 보았다.

내 앞에 놓인 현실을 어떻게 보는지에 따라 지옥이 될 수도 있고, 천국이 될 수도 있다. 어차피 해야 하는 일! 즐겁고 긍정적으로 임하면 얻는 것이 생긴다. 최악의 순간에서도 희망을 얻는 지혜는 긍정의 마음에서 온다. 삶을 살아갈 때 반드시 필요한 자세이다.

내가 정말 하고 싶은 이야기는 군 생활을 하는 시간은 아니다. 군 생활 속에서 일과 시간, 훈련 시간 외에 남는 시간을 어떻게 사용할지에 대해 생각해 보자. 부대 안에 있지만 스스로 활용할 수 있는 시간. 일과를 진행하고 잠자는 시간을 제외한 1/3의 시간. 즉 3,024시간은 온전히 나만의 시간이다. 이 시간을 어떻게 보내느냐에 따라서 전역 후의 삶이 달라진다. 그 시간을 독서에 투자해 볼 것을 권유한다.

한 분야에 전문가가 되기 위해서는 해당 분야의 책 100권을 읽어보아야 한다고 한다. 책 한 권을 읽는데 10시간이라 계산해 본다면, 군 생활의 남는 시간인 3,024시간에 300권을 읽을 수 있다. 사람이 책만 읽고 살 수는 없으니 이 중 1/3의 시간만이라도 책 읽기에 투자하면 100권 읽기가 가능하다. 군에서 시간을 잘 활용하면 한 분야의 전문가가 될 수 있게 된다.

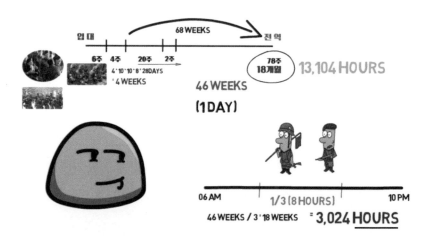

군에는 18개월 내내 책만 읽어도 다 읽지 못할 만큼의 책이 보급되어 있다. 우리나라 모든 부대에는 병영도서관이 있다. 접적 지역인 GP, GOP, 해 강안 부대 등 현행 작전을 하는 부대에도 병영도서관은 반드시 있다. 분기별로 1개 중대 기준으로 1세트에 10권의 진중문고가 보급된다. 일반적인 부대에는 5개 중대가 있어 대대를 기준으로 분기별로 50권이 보급된다. 수년 전부터 책이 보급되고 있으니 그 수량은 어마어마하다.

진중문고는 대형서점에서 베스트셀러가 되어야만 선정된다고 한다. 최근 유행하는 책 중 읽고 싶은 책을 생각해두고 있으면 다음 분기에 대부분이 진중문고로 보급된다. 그만큼 부대에는 좋은 책들이 많다.

군 생활의 장점은 인생에서 '잠시 멈춤'이 가능하다는 것이다. 20대까지 수년간 학창 시절을 보내면서 자신에 대해 깊게 생각해 볼 수 없었을 것이다. 내가 진짜 무엇을 좋아하는지, 어떤 것을 잘하는지, 삶의 목적은 무엇인지, 내 삶이 올바르게 가고 있었는지 등.

군 생활이 사회와의 단절로 생각하면 답답할 수 있지만, 그 단절로 인해 불필요한 에너지를 쏟지 않게 된다. 나만의 시간, 온전히 나에게 집중할 수 있는 멈춤의 시간이 가능해진다. 나 자신에게 질문을 던져볼 수 있는 시간을 만들 수 있다.

나는 그 멈춤을 이용해 보았다. 부대 업무 중에도 쉬는 시간이 있다. 그 시간을 스마트폰을 보면서 보내는 것이 아니라, 보다 의미 있게 보내고 싶었다. 책을 사서 보았다. 책 몇 권을 사니 돈이 조금 아까웠다. 병영도서관에 가보았다. 보고 싶었던 책들이 눈에 띄었다. 그동안 보이지 않았던 것들이 관심이 생기니 보이기 시작했다. 그 후로 병영도서관은 나만의 보물창고가 되었다. 시간이 날 때마다 찾아가 책을 골랐다. 책을 읽다 보니 어느새 글쓰기가 시작되었다. 글을 쓰게 되니 어느 순간 논리적인 사고가 가능해졌다. 글쓰기는 말하기에 영향을 주었다. 말하기가 좋아졌다. 놀라운 경험이었다.

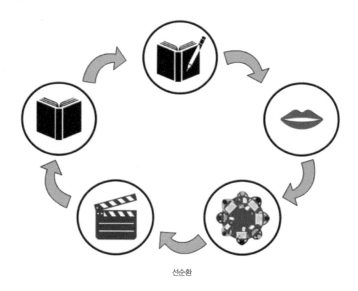

선순환

　책을 읽어보니 깊게 읽고, 더 오래 간직하는 독서를 하고 싶어졌다. 독서모임을 해보고 싶었다. 하지만 중대장이라는 중책에 있었기에 제약이 많았다. 그래서 부대 안에서 독서모임도 만들었다. 부대원들과 그동안 해보지 못한 소통의 경험을 가졌다. 다양한 분야의 지식을 쌓고 싶어 여러 분야의 책을 찾아 읽었다. 같은 책을 읽고도 다른 생각을 할 수 있다는 것을 알게 되었다. 생각의 폭이 확장되었다. 계속 책을 찾게 되었다. 좋은 선순환이 시작되었다. 책을 읽지 않았다면 일어날 수 없는 변화였다.

군 생활의 시간은 20대의 황금기의 중간에 있다. 황금 같은 시간을 부정적인 생각으로 흘려보내는 것은 삶 전체에 있어 안타까운 일이다. 가장 힘이 넘치고 머리가 활발할 때 미래를 준비해야 한다. 그러기 위해서는 주어진 시간을 제대로, 효율적으로 활용해야 한다. 부대 안에 있는 보물 같은 혜택들을 자신의 것으로 만들기 바란다.

용사로 입대한 젊은이들과 앞으로 입대를 하게 될 이들이 18주, 3,024시간을 독서에 투자해 보기를 바란다. 이를 통해 미래의 전문가가 되기 위한 발판이 만들어질 것이다. 이 책을 읽고 있는 당신이 직업 군인이라면 장기적인 군 생활을 위해 독서를 시작해 높은 계급으로 나아갈 자양분을 얻기를 바란다. 단기 복무 간부들 또한 군 생활 이후의 미래를 위한 준비로 독서를 실천해 보기를 바란다.

군인이 아닌 일반인도 마찬가지다. 직장 생활, 사회생활을 하면서 삶 속에 남는 시간이 있다. 그 시간을 어떻게 보내는지에 따라 인생이 변한다. 작은 변화와 실천이 쌓여 삶 전체를 변화시킬 수 있다. 오늘 하루 내 작은 시간을 독서에 투자하고, 그것이 꾸준히 이어진다면 누구든 달라질 수 있다.

긍정적인 마음으로 나에게 주어진 시간을 바라보자. 그 시간이 독서와 만나, 삶이 변하는 기적과 만나기를 바란다. 나에게 주어진 남는 시간을 제대로, 효율적으로 보내기를 바라고 응원한다.

06

전역보다 기다려지는 저녁을 만들자

'저녁이 있는 삶'

이제는 하나의 명사처럼 굳어진 이 문장. 최근에는 다양하게 사용된다. 이 문장은 2012년 한 정치인의 경선 캠프에서 처음 나왔다. 메시지 담당관이었던 비서관에 의해 만들어진 멋진 문장이다. 나만의 시간을 갖고 싶은 것은 인간의 기본 욕구다. 사람들이 그토록 '저녁이 있는 삶'을 이야기하는 이유 중 하나는 일에서 벗어나 한 단계 성장하고 싶기 때문이다.

자신만의 온전한 '저녁'은 성장과 휴식의 시간이다. 나 역시 나만의 저녁을 원한다. 홀로 시간을 보내며 나와 마주하는 시간, 일이 아닌 배움의 시간. 너무나 중요하고 소중하다.

어느 날, 이 문장이 달리 보였다.

'전역이 있는 삶'

군에 입대한 용사들은 모두 전역하는 날을 기다린다. 매일같이 D-Day 계산기로 전역일을 계산한다. 충분히 이해된다. 징병으로 입대한 젊은이들이 하루라도 빨리 원래 자리로 돌아가고 싶은 마음은 당연하다. 그러나 먼 미래만 바라보며 소중한 하루를 흘려보내는 것이 과연 올바른 일일까.

오늘은 다시 돌아오지 않는다. 오늘이 내 삶에서 가장 젊은 날이다. 그 젊음을 그냥 흘려보내는 것은 아까운 일이다. 전역일은 언젠가는 온다. 반드시 온다. 그렇다면 그 시간을 어떻게 기다릴지 냉정하게 판단해 보자.

중대장 시절, 용사들의 생활관에 가본 적이 있다. 용사들도 일과 이후에는 휴대폰을 사용할 수 있다. 그래서인지 생활관 모습은 한결같이 똑같았다. 모두가 이어폰을 꽂고 침대에 누워 스마트폰을 보고 있었다. 대화는 없다. 고요한 생활관에서는 '시간이라는 물살'이 무의미하게 흘러서 어디론가 사라지는 소리가 들리는 듯했다. 안타까웠다. 나와 독서모임을 함께 하던 중대원에게 물었다.

"일과 이후에 왜 다들 스마트폰만 보고 있는 걸까?"
그의 대답에서 충격적인 답을 들었다.
"아무 생각 없이 있어야 전역일이 빨리 찾아온다고 말들을 합니다."

용사들 모두는 아니지만 이와 같은 생각으로 시간을 허비하는 용사들이 많았다. 이야기를 듣고, 내 모습도 돌아보았다. 업무에 지친 날이면 스마트폰으로 다른 세상을 보며 시간을 보냈다. SNS를 통해 보이는 이들의 일상은 나와는 다른 세상이었다. SNS에는 좋은 모습, 일상의 하이라이트만 올라온다. 잘생기고 근육질의 몸매를 가진 이들, 보디 프로필로 자신을 한껏 뽐내는 이들, 명품을 걸치고 도심을 거니는 모습, 해외여행에서 맛있는 음식을 먹는 사진. 그런 모습을 부러워하며 때로는 대리만족하기도 했다. 그 시간이 내게 남겨주는 것은 무엇일까 고민해 보았다. 아무것도 없었다.

전역하는 날만 기다리며 무의미하게 저녁을 보내는 것을 멈추어야 한다. 저녁을 어떻게 보내는지에 따라 삶은 변한다. 왜 내 삶은 SNS의 인플루언서에 못 미치는지 한탄하는 시간을 멈추자. 그들보다 멋진 삶을 꿈꾸고 준비해 보자. 어디서부터 시작해야 할지 막막한가. 도서관으로 가면 된다. 도서관에 가서 내 삶의 고민을 해결해 줄 책을 찾아보자.

전문지식이 필요하다면 해당 분야의 책을, 동기부여가 필요하다면 자기계발서를, 본인이 무엇을 좋아하는지 모르겠다면 인문학 책을 찾으면 된다. 책 속에 길이 있다. 삶을 바꾸고 싶다면 오늘 저녁 시간의 내 모습이 달라져야 한다.

스마트폰을 내려놓고 책을 붙잡자. 책 속에는 지식이 있다. 지식이 나에게 흡수되면 나만의 지혜로 발전한다.

동영상으로 지식을 습득할 수 있다고 반문할 수 있다. 가능하다. 다만, 한계가 있다. 영상을 보는 뇌는 질문을 하지 않는다. 뇌과학적으로 밝혀진 사실이다.

독서는 다르다. 끊임없이 자신에게 질문을 던질 수 있다. 스스로 생각을 하도록 유도한다. 사색이 가능해진다. 사색을 하면 나 자신과 대화하게 된다. 저자의 지식이 내 지혜로 변한다. 독서가 주는 장점이다. 영상을 통해서는 절대로 할 수 없는 지적 활동이다.

책과 영화를 비교해 보자.

나는 독서모임에서 《죽은 시인의 사회》라는 책을 읽었다. 영화로 3번이나 봤기 때문에 책으로 읽는 것이 무슨 의미가 있을까 싶었다. 그러나 책을 읽고 깨달았다. 좋은 문장을 만났을 때 밑줄이 그어졌다. 영화의 명장면 중 하나로 꼽히는 장면이 있다. 주인공인 '키팅' 선생님이 책상 위에 올라가서 학생들에게 외친다.

영화 〈죽은 시인의 사회〉 중에서

'내가 왜 이 위에 섰을까? 이 위에서는 세상이 무척 다르게 보이지. 잘 알고 있는 것이라도 다른 시각으로 보아야 해. 틀리거나 바보 같아도 반드시 시도해라.'

영화에서 대사로 들었을 때는 그 장면이 좋았다는 기억만 있었다. 책을 통해 문장으로 만나니 그 문장을 계속 보게 되었다. 잠시 그 문장을 두고 생각했다.

나는 세상을 달리 보는 시도를 해본 적이 있는지, 남들과 똑같이 살고 있는 것은 아닌지. 이런 과정이 영상과 책이 주는 차이점이다. 멈추어서 생각할 수 있게 해주는 것이 독서다. 이 문장을 읽던 날, 독서의 감사함을 느꼈다.

'전역'만 기다리며 소중한 '저녁'을 낭비하지 말자. 일과를 마치고 찾아오는 저녁을 '어떻게 알차게 보낼지' 고민하자. 이제는 전역보다 저녁을 기다리자.

전역은 삶에서 '제2의 인생'이 시작되는 날이기도 하다. 은퇴 이후의 삶이 제2의 인생이 아니다. 전역하고 마주하게 될 사회가 여러분의 '제2의 인생'이다. 이런 마음으로 하루하루를 보내자. 좋은 책과 만나 미래를 준비하는 알찬 저녁을 만들어보자. 그런 마음을 가진 이에게 군 생활은 삶의 전환점이 될 것이다. 군 생활이 사회와의 단절이 아니라 삶에서 잠시 멈추어 나를 온전히 되돌아볼 수 있는 시간이 될 것이다. 그 시간을 독서와 함께한다면 '제2의 인생'인 전역 후 삶은 분명 달라질 것이다.

군인이 아닌 이들에게도 당연히 저녁의 시간은 중요하다. 이직을 하는 젊은이들이 많다고 한다. 한 직장에서 버티지 못하고 여기저기 옮겨 다니다가 나이만 먹는다. 직장이 마음에 들지 않아 이직을 원한다면 준비가 필요하다. 직장을 옮겨도 준비가 되어 있지 않은 이에게는 또 다른 직장만 눈에 들어올 것이다. 이직 생각을 버리고, 나에게 주어진 저녁에 집중해 보자. 독서를 통해 부족함을 채우려 노력하자. 직장에서 마주한 고민이 있다면 관련된 책을 찾고 읽어 해결해보자. 일을 바라보는 시선과 태도가 달라질 것이다.

오늘 당신의 저녁은 어떤 모습이었는가. 이 책을 읽고 있는 당신은 어제보다 성장하는 길을 걷고 있는 것이 분명하다. 지금의 마음을 잊지 말자. 전역보다 기다려지는 저녁과 만나는 군인, 알찬 저녁을 보내는 직장인이자 사업가인 당신을 응원한다!

07

남이 나를 알아주기를 바라지 말고, 내 부족함을 생각하자

'不患人之不己知, 患其不能也.(불환인지불기지, 환기불능야.)'

'남이 나를 알아주는 것을 걱정하지 말고, 내 능하지 못함을 걱정하라.'

《논어》 헌문 편에 나오는 문장이다. 내 인생을 지탱해 주는 문장이다.

소령 1차 진급 결과가 발표되는 날에 이 문장과 만났다. 내 삶 속 공간 곳곳에 적어두고, 매일 보며 힘을 얻고 있다.

나는 소령 진급을 2차에 했다. 1년 늦은 진급이었다. 1차 진급 발표가 되기 전, 수많은 생각을 했다. 주변 사람들의 응원, 특히 아내의 응원은 진급을 간절히 원하게 했다. 내 능력은 소령 계급장을 달기에는 부족해 보였다. 만약 진급을 하더라도 '계급만 소령이지 능력은 그 이하다.'라는 말을 들을 것 같았다. 그런데도 진급을 갈망했다.

군에서는 간부들을 평가할 때 '평정'제도를 활용한다. 반기 단위로 상급자로부터 평정을 통해 평가받게 된다. 이것이 쌓여서 점수화된다. 그 결과는 개인에게 공개된다. 진급 발표가 있기 3개월 전, 평정 공개 신청을 해서 내 평정 점수를 보았다. 많이 부족한 수치였다. 과거의 내 군 생활을 되돌아보았다. 나름으로 열심히 군 생활을 했다고 자부했다. 생각보다 결과가 좋지 않자 의구심과 불만이 생겼다.

군의 평정은 상대평가다. 함께 평정을 받는 그룹이 지정된다. 일정 비율로 등급이 지정되어 상하 구분이 이루어진다. 30%의 인원이 '우수 평정'을 받는다. 평정 그룹에 있던 전우들을 떠올려보았다. 분명 나보다 성실하고 열성적이었던 이들도 있었다. 그런데도 나는 지휘관에게 충성을 다했고, 나를 어필하기 위해 최선을 다했기에 30% 명단에 포함되리라 믿었다. 그러나 내 노력의 결과는 실망감 그 자체였다. 1차에 진급되지 않을 것이 예상될 정도의 점수였다.

진급 결과가 공개되었을 때, 진급 대상자들은 결과를 눈으로 보지 않아도, 진급 여부를 알 수 있다. 진급된 사람의 휴대폰은 쉴 틈 없이 전화가 온다. 전화를 끊기가 무섭게 또 연락이 오고, 수십 통의 문자가 온다. 반면, 선발되지 않은 사람의 전화는 고요하다. 가끔 울리는 전화는 위로의 전화다. 웃으며 받기 힘들다.

1차 진급 발표 날, 내 모습을 잊을 수 없다. 평정을 공개하고 난 후 다음 해를 기약해야겠다고 마음먹었음에도 내심 휴대폰을 보게 되었다. 내 주변에는 아무도 없었다. 발표 시간이 다가왔다. 1분, 2분. 시간이 지나도 조용했다. 10분을 기다렸지만 내 전화기는 미동도 없었다. 홀로 있던 방은 그날따라 더욱 고요했다. 아내에게 무슨 말을 해야 할지 고민되었다. 아내의 전화번호를 누를지 말지 반복했다. 아내도 이미 결과를 알고 있었을 것이다. 군인 아내들의 정보력은 때로는 군인들보다 빠르다. 착잡한 마음에 옆에 있던 책을 집었다. 《논어》였다. 몇 페이지를 읽다가 멈췄다. '인생 문장'과 만났다.

不患人之不己知,
患其不能也.

불환인지불기지, 환기불능야.

남이 나를 알아주지 않는 것을 걱정하지 말고,
자신의 능하지 못함을 걱정하라.

최대위_책방:)
https://blog.naver.com/cadet45135

저자가 마음에 새겼던 문장

그날 이전까지 나는 내 능력을 타인이 알아주기만을 바라며 살아왔다. 보여주기식 인생을 살았다. 진짜 중요한 내면을 가꾸고자 하는 노력은 부족했다. 능력이 없어도 인정받고 싶은 욕심으로 살아왔다. '不患人之不己知, 患其不能也.(불환인지불기지, 환기불능야.)'라는 문장을 보지 못했다면 되돌아볼 수 없었을 것이다. 진급되지 않음을 한탄만 했을 것이다. 나를 인정해 주지 않은 군대에 불만만 가졌을 것이다. 그 문장을 만남과 동시에 나는 깨달았다. 내 능력이 부족한 것을 걱정해야 함을.

내 부족함은 과연 무엇일까를 생각해 보았다. 내 어깨에 소령이라는 계급장이 주어졌을 때 당당히 임무 수행을 할 수 있을 것인가를 고민해 보았다. 소령인 선배들의 모습이 머릿속을 스쳐 갔다.

'나는 그들만큼 능력을 갖추었는가.'
'그 자리에 내가 위치하게 된다면 선배들처럼 할 수 있을까.'

나 자신에게 질문을 해보았다. 자신이 없었다. 소령이라는 계급장을 받았을 때 떳떳하게 설 수 있을지 생각해 보았다. 진급이 되지 않은 것이 다행이라고 생각되었다. 만약 1차에 진급이 되었다면 나는 내 삶을 돌아보지 못했을 것이다. 부족한 삶을 반성하지 않았을 것이다. 인생 문장도 스쳐 지나갔을 것이다. 1차 진급 비선은 잠시 멈추어 나 자신을 반성해 볼 좋은 기회였다.

사람은 인생에 우여곡절이 있을 때, 고민이 있을 때 책을 찾는다. 누구도 삶에 답을 주지 않을 때 사람들은 책을 찾게 된다. 그렇기에 힘든 순간이 책과 만나기 가장 좋은 순간이다. 역설적으로 인생이 괴롭고 힘들 때 기회가 찾아온다. 위기를 위태로움으로만 볼 것이 아니라, 위기를 '위험'과 '기회'의 약자로 생각하며 받아들여 보자. 책과 만난다면 위험은 기회가 된다.

힘든 순간에 우리는 흔히 주변 사람들의 조언을 구한다. 좋은 조언으로 극적인 변화가 찾아올 수도 있지만, 모든 순간에서 주변 사람들의 조언대로 살아갈 수는 없다. 나만의 정답, 내 삶의 정답은 내 안에 있다. 정답을 찾아가는 힘을 키워야 한다. 그 힘은 나 자신과 끊임없는 대화를 통해 만들어진다. 그것을 이끌어주는 수단이 독서다.

저자의 독서대

책을 쓴 저자의 생각은 지식이 될 수 있지만, 그 역시 내 삶의 정답이 될 수는 없다. 저자의 지식을 나만의 것으로 만들어야 한다. 책을 읽고 내가 몰랐던 지식이 있음을 깨달았다면 더 깊은 독서를 해야 한다. 수많은 지식을 융합해서 나만의 지혜를 만들어야 한다. 세상이 정해놓은 틀 속 답만 찾다 보면 그 틀 안에 갇힌다. 틀을 깨고 나와야 한다. 남들이 모두 다 아는 방식에는 한계가 있다. 빨리 도달할 수 있는 방법은 있지만 끝에는 한계가 있다.

남들과 다른 생각, 나만의 길과 방향은 때로는 늦게 찾아올 수 있다. 늦는다고 뒤처지는 것이 아니다. 더 성숙하고, 숙성된 깊이를 위한 준비의 시간이라 여기자.

독서의 결과는 한순간에 나타나지 않는다. 조금씩, 천천히 내 안에 쌓여서 일순간에 발현된다. 그 시간을 묵묵히 버텨내는 사람이 진정한 독서가이다. 부족함을 알고 하나하나 채워가는 독서를 하자. 쉽고 빠른 길을 찾기보다는 힘들지만 의미 있는 시간을 만들어보자. 한 권의 책을 읽고 삶이 변할 것이라는 착각을 버리자. 한 권의 책을 읽고 부족함을 느끼고 또 다른 책과 만나자. 수많은 만남 속에서 내 역량은 커진다. 눈에 보이지 않지만 변화는 시작되고 있다.

남의 인정을 바라는 삶은 괴롭다. 나로부터 인정을 받는 삶을 살자. 내 삶에 주인이 되는 길은 내 안에서 나온 지혜로 인생을 살아가는 것이다. 독서를 통해 삶의 지혜를 얻어나가자.

08

삼십 대를 '삶, 쉽네.'로 사는 방법

'고등학교를 졸업하고 성인이 되기를 간절히 바랐다. 학창 시절이 빨리 지나가지 않아 답답했다. 20대가 되면 무엇이든 할 수 있고, 자유로울 것만 같았다. 20대가 되어보니 10대의 삶이 얼마나 행복했었는지를 깨달았다. 성인의 시간은 학창 시절보다 2배 이상 빨랐다. 20대가 된 지 얼마 지나지 않아 30대가 찾아왔다. 30대가 되어 깨달았다. 나를 통제해 주던 시절의 감사함을.

어른으로 사는 것은 만만치 않다. 어른의 삶을 누구도 강요하지 않지만, 인생의 시간은 나를 어른으로 만들었다. 시간은 지금도 흘러가고, 흘러가는 시간 앞에 순응하며 어른의 삶을 마지못해 받아들이고 살아간다. 통제된 학창 시절에서 벗어나려 발버둥 쳤지만, 통제된 직장을 내 발로 찾아가 끌려다니는 삶을 살게 되었다. 내 인생에서 내가 주인공이 아니었다. 무한히 반복적으로 돌아가는 시계 속 부속품처럼 살아간다. 누군가에 의해 움직이고, 누군가를 위해 일하며 살아가고 있다. 삶은 내 마음처럼 되지 않는다. 삶, 쉽지 않다.'

위의 글을 읽고 어떤 생각이 드는가. 당신도 글의 주인공 같은 삶을 살아가고 있지 않은가. 나와 같은 30대를 살고 있는 이들은 많이 공감할 것이다. 일반적인 삶을 사는 어른들의 모습이기 때문이다.

자신의 뜻과 의지대로 인생을 산다는 것은 결코 쉬운 일이 아니다. 다른 사람이 정해놓은 틀에서 쳇바퀴 돌아가듯 반복되는 일만 하면 인생은 무의미하다. 때로는 그것이 편하기도 하다. 생각하지 않고 살면 되기 때문이다. 몸은 편하지만 과연 마음도 편할까. 내 삶을 내 뜻대로 살지 못하는 것은 결코 행복하지 않다. 타인에게 돈을 받고 내 인생과 내 시간을 내주는 것은 안타깝고 불행한 일이다.

진정한 행복을 찾고자 한다면 인생을 주도적으로 살아야 한다. 내 인생의 주인공이 내가 되어야 한다. 그러면 주도적인 삶은 어떻게 만들 수 있을까. 당장 내가 가진 돈이 없는데 내가 하고 싶은 대로 사는 것이 가능할까 하고 의문이 들 것이다. 주도적인 삶은 물질로 만들어지지 않는다. 그 해답은 주도적인 생각에서 찾을 수 있다. 남이 만들어 놓은 생각에 따라 살기를 거부하면서 내 의지와 생각으로 삶을 살아가자 노력해야 한다.

주도적인 삶을 살기 위한 방법이 무엇일까. 주도적이면서 창의적인 생각을 위해서는 기존의 내 생각을 깨는 충격이 필요하다. 인풋(input)이 필요하다. 들어오는 것이 있어야 나오는 것이 있다. 인풋(input)이 있어야 아웃풋(output)이 있는 것이다. 모든 인풋이 좋은 것만은 아니다. 잘못된 인풋에서는 잘못된 아웃풋이 나온다. 선별되고 제대로 된 인풋이 필요하다.

내 삶을 내 뜻대로 이끌어 가지 못하면 삶은 괴롭고, 힘들고, 지치고, 어렵다. 내 삶을 내 뜻대로 살면 삶은 쉽고, 편해지고, 행복해진다. 삼십 대 어른으로 살아가는 삶의 어렵고 힘겨움을 제대로 된 인풋으로 바꿔 나갈 수 있다. 그 인풋이 바로 독서다. 각 분야의 전문가들이 펴낸 책은 주변 보통 사람들의 조언보다 수십 배, 수백 배 유용한 정보와 지식이 담겨 있다. 그야말로 제대로 된 정보이자 좋은 인풋이다.

독서는 왜 좋은 인풋일까. 정제되지 않은 무의미한 정보가 아닌, 저자의 피, 땀, 눈물이 담긴 지식이기 때문이다. 저자가 수년간 연구하고 고민하여 얻어낸 선별된 지식을 책 1권, 커피 몇 잔의 가격으로 얻을 수 있다. 간단하고 쉬운 방법인 독서로 좋은 인풋을 얻자. 그 정보를 가지고 좋은 아웃풋을 만들자.

나는 독서를 통해 나 자신을 찾았고 나만의 삶의 기준이 정립되었다. 30년을 넘게 살아오면서도 깨닫지 못한 것을 몇 달간의 독서로 깨달았다. 완독을 위해 많은 시간을 투자해야 한다고 생각하지만, 멀리 보았을 때 그 시간은 아주 작은 것이다. 여유를 가지고 독서에 임하면 삶의 기준이 만들어진다. 삶이 쉬워진다.

당신의 현재는 어떤지 생각해 보자. 누군가를 위해 일하고 나를 버리고 살고 있지는 않은가. 쉽게 살지 못하고 어렵고 불편하게 살고 있지는 않은가. 주도적인 생각과 실천 없이 살아가고 있지는 않은가.

불편하고 쉽지 않은 삶에서 벗어나자. 독서를 통해 주도적인 생각을 하고, 주도적인 생각을 통해 주도적 행동을 하자. 주도적 행동으로 내 삶을 풍족하게 만들자. 그 시작을 열어줄 독서와 만나자.

당신의 삶은 달라진다. 삼십 대가 쉬워진다. 끌려다니는 삶에서 이끄는 삶으로 나아갈 수 있다. 오늘부터 실천하여 당신의 입에서 이런 말이 나오기를 바란다.

삼십 대, '삶, 쉽네.'

3장

닥치고 따라하면 되는 8가지 기초 독서법, SHUT UP DO!

독서는 눈으로만 하는 활동이 아니다. 눈으로 읽고 끝나는 독서는 남는 것이 없다. 내 몸을 움직여 작은 변화라도 만들어야 한다. 독서를 하는 과정보다 독서가 끝나고 나서의 내 행동이 중요하다. 수많은 독서법이 있지만 그중 가장 기초적이면서 중요한 활동이 필사다. 필사는 책을 읽은 후 할 수 있는 가장 쉬우면서 효과적인 독서법이다.

01

티내면서 책 읽기 : SNS 독서 계정 만들기(SNS)

〈배달의 민족〉을 개발한 〈우아한 형제들〉의 창업자 김봉진 대표는 본인을 '과시적 독서가'라고 말한다. 타인에게 과시하고, 보여주려고 독서를 한다고 한다.

독서는 나 자신의 성장을 위해 조용히 하는 지적 활동이라 생각되지 않는가. 처음 '과시적 독서가'라는 단어를 들었을 때 선뜻 공감되지 않았다. 그의 강연과 저서 《책 잘 읽는 방법》을 읽고 그 말이 이해되었다.

김 대표는 처음부터 독서를 좋아하는 사람이 아니었다. 책 읽는 것을 티 내고 싶어 SNS에 올렸다. 이를 본 지인들은 처음에는 '얼마 못 가 그만두겠지.' 하며 대수롭지 않게 생각했다. 그러나 한달, 1년이 지나면서 어느새 그는 자연스럽게 '책 읽는 사람'이 되었다. 책에 대해 깊이가 있다고 자부할 수 없었지만, 주변인들은 이미 그를 독서가로 알게 되었다. 티 내면서 읽다 보니 책을 계속 읽게 되었다고 한다.

책을 읽는 것을 티 내본 적 있는가. 책을 읽고 있다는 것을 드러내는 것에 대해 부끄러워하고 있지는 않는가. 누군가 책을 읽고 있는 당신을 보고 있을 때 어떤 기분이 드는가. 독서를 시작한 지 얼마 되지 않았다면, 누군가 책을 보는 내 모습을 보면 부끄러울 것이다. 무슨 책인지 질문이라도 하면 당황스럽다. 책 내용을 묻거나 왜 읽는지 물어보면 무슨 답을 해야 하나 하고 수많은 고민이 생길 것이다.

그 순간을 이겨내야 한다. 처음이 어색할 뿐이다. 계속해서 책을 읽고 있는 나를 노출하면 어느새 그 모습은 당연한 것이 된다. 그 단계의 시작을 이끌어내기 가장 좋은 방법이 SNS에 독서 계정을 만드는 것이다.

SNS 독서 계정은 무엇일까. 별거 없다. 책 사진 한 장 올리면 끝이다. 처음부터 책에 대해 깊이 있는 내용을 쓸 필요 없다. 책을 샀다면 멋진 사진을 찍어보려고 노력해 보자. 읽지 않아도 좋다. 책을 고르는 그 순간, 책 사진을 찍는 그 순간 모두가 독서의 과정이다.

독서는 책을 읽어서만 이루어지는 활동이 아니다. 책을 고르는 고민의 순간은 내 삶에 필요한 질문을 하는 과정이다. 책을 고를 때에는 여러 가지 이유가 있지만 공통적으로는 내 삶에 필요한 분야의 책을 찾게 된다. 삶의 문제에 대해 고민하고 있다는 증거다.

그래서 책을 고르는 것 자체가 독서다.

책을 골랐다면 사진을 찍어 남기자. 내 삶의 문제가 무엇인지 고민한 그 순간을 간직하자. 그리고 SNS에 업로드하자. 누가 보든 말든 올려보자. 그 순간이 주는 기억과 추억은 나만의 보물이 된다. SNS는 타인에게 내 삶을 보여주려고 하는 욕망에서 시작된다. 그렇다면 부끄러워하지 말고 드러내자. 내 삶의 고민이 무엇인지, 내가 책과 만나게 된 이유가 무엇인지 알리는 것은 내 고민을 타인과 나누는 과정이다. 그것이 오늘날의 소통이다.

저자의 자기 과시 SNS 사진

내 SNS는 나를 과시하기 위해 시작되었다. 내 인스타그램의 첫 사진은 '셀카'였다. 전투복에 선글라스를 끼고, 잔뜩 겉멋을 부른 사진이다. 부끄럽지만 지우지 않는다. 그 또한 내 삶의 일부이고 추억이기 때문이다. 누군가는 과거를 흑역사라고 생각하며 지우고 싫어한다. 나 역시 그런 순간이 있었다. 책을 읽기 전에는 그랬다. 책을 읽기 시작하면서 문득 나 자신에게 질문을 던져보았다.

'나는 어떤 고민을 하면서 살아왔지?'

답을 찾기가 어려웠다. 매일 일기라도 썼으면 하는 아쉬움이 들었다. 그러다 우연히 SNS에 올린 사진을 처음부터 살펴보았다. 내 삶의 과정이 남아있었다. 오글거리는 글도 있었지만 그 또한 내 모습이라 생각했다. 한편으로 '참 과시적으로 살았구나.'라는 반성도 했다.

그러다 만난 단어가 '과시적 독서가'였다. 나는 어느 순간부터 책 사진을 조금씩 올리고 있었다. 본격적으로 독서의 매력에 빠지기 전부터 책 사진을 올렸었다. 예쁜 카페에서 커피잔과 함께 매우 인위적인 책 사진을 찍어 남겼다. 게시물에 내용은 이랬다.

첫 책 사진

'#일요일 오후에 조용히 책 읽기로 한 지 2주. 청승맞다고도 생각되는데… 진짜 좋다 ㅋㅋ'

누군가는 오글거린다고 할 수 있지만 이것이 내 독서 계정의 시작이었다. 시작이 없었다면 나는 지금처럼 책을 출간하는 작가, 독서 강연자가 되지 못했을 것이다.

몇 주에 한 번 올리던 책 사진이 1주일, 3일 간격으로 점차 줄어들었다. 그러다 책 사진이 한동안 없던 적도 있다. 이 또한 나를 알 수 있는 과정이었다.

책 사진이 비어있는 기간에는 책을 잠시 멀리했음을 느낄 수 있었다. 아내와 연애를 하던 시절에는 온통 아내와의 추억 사진뿐이었다. 삶의 스토리가 보였다. 결혼식 사진 이후 한동안 게시물이 없었다. 바쁘게 살았으리란 추측이 됐고, 실제 그 기간에는 군에서 힘든 보직을 담당하고 있었다. 그러다 갑자기 책 사진이 등장했다. 날짜를 찾아보니 십자인대 수술을 한 이후였다. 독서의 세계로 돌아온 것이다.

그 이후 SNS에 책 사진이 채워지기 시작했다. 사진 밑에 글도 점점 길어졌다. 1줄, 2줄 늘어나다가 한 단락이 되었다. 어느새 서평을 쓰기 시작했다.

게시물에 댓글도 다시 보면 재미있다. 처음 책 사진에는 댓글이 전혀 없다. SNS 친구들, 지인들은 저러다가 그만두겠지 하는 생각이었을 것이다. 그러다가 점점 글이 길어지자 댓글이 달리기 시작한다. 다른 독서 계정의 사람들이 관심을 갖기 시작했다.

SNS는 알고리즘에 의해서 같은 관심사를 가진 사람들을 이어준다. 독서 계정을 가진 사람이 되면 새로운 사실을 알게 된다. 세상에 독서를 하는 사람, 독서에 관심이 많은 사람들이 많다는 것이다. 유유상종. 드러내서 독서를 하고, 독서하는 사람으로 살기 시작하면 주변에 독서하는 사람들이 찾아온다. 현실에서는 만나기 힘든 독서인들이 SNS를 통해 찾아온다. 그들은 독서에 대한 동기부여가 된다. 나 역시 그들의 책 사진과 글을 보며 '좋아요'를 누른다. 그렇게 작은 시작이 새로운 세계로 이끌어주는 계기가 된다.

SNS는 다양한 장점과 단점이 있다. 장점보다 단점이 많다. 현실의 모습보다 과장된 모습으로 나를 드러내서 과시하는 이들이 많다. 좋은 차, 좋은 옷, 명품 제품을 걸친 이들을 보면 배가 아프다. 어린 나이에 그런 것을 가진 사람을 보면 더욱 그렇다. 삶이 비참해진다. 그 모습을 보는 것에 지치다 SNS를 탈퇴하기도 한다. 직업 군인인 사람은 허탈감이 더 심할 것이다. 내 삶은 울타리 속에 갇혀 있는데, 다른 이들의 모습은 자유분방하고 즐거워 보이기만 한다. 회의감이 찾아온다.

그러나 책은 공평하다. 부자에게도, 덜 가진 사람에게도 1권의 책은 공평하다. 사람을 분별해가며 더 많이, 더 적게 지식을 나누지 않는다. 같은 페이지로 똑같은 이야기를 전한다. SNS에 올리는 책 사진은 누가 찍어도 똑같은 모습이다. 책은 빈부의 격차 없이 공평하다. 배경은 달라질 수 있을지언정 그 안의 책은 변하지 않는다. 책 사진으로는 부자보다 더 멋져 보일 방법도 있다.

사진과 함께 좋은 글, 나만의 이야기를 쓰자. 내 삶의 이야기는 부자라도 돈 주고 사갈 수 없다. 오직 나만의 것이다. 독서 계정을 만들어 나만의 이야기를 남겨보자. 함께 독서하는 이들과 지식을 공유하고, 나만의 지혜를 남겨보자. 많은 이들의 공감을 얻을 수 있을 것이다.

오늘날 독서인이 되는 가장 빠르고 쉬운 방법은 SNS를 책 사진으로 물들이는 것이다. 함께 할 이들을 만나 동지애를 느끼며 독서에 대한 의지와 실행력을 이어가 보자. 타인에게 보여주기 위한 독서 SNS를 시작하자. 독서는 책을 고르는 그 순간부터 시작이다. 사진을 찍으며 글을 쓰는 그 순간은 나만의 독서 시간이다. 티 내면서 책을 읽자. 주변에 책 읽는 사람들을 모아보자.

02

누구나 쉽게 시작하는 읽기 습관 : 1일 1줄 독서(One Line Habit)

'조금씩, 천천히, 꾸준히'

내가 어떤 일을 하든 늘 생각하고, 되새기는 문장이다. 사람은 하고 싶은 일이 생길 때 목표를 세운다. 목표가 지나치게 크거나 높으면 금방 지친다. 목표는 최대한 작게 선정하자. 과유불급(過猶 不及). '정도가 지나치면 미치지 못함과 같다'라는 뜻의 사자성어 다. 무엇이든지 과한 것은 좋지 않다. 특히 목표를 설정할 때는 더 욱 그렇다. 작게 시작하여 점점 확대해나가는 것이 효과적이다.

독서는 운동과 공통점이 많다. 처음 운동을 시작할 때는 가슴 뛰고 설렌다. 그리고 생각보다 쉽게 느껴진다. 쉽다는 생각에 무 리해서 시작하게 된다. 그러다 며칠 지나지 않아 포기가 찾아온다. 쉽게 생각하고 과하게 했던 운동이 몸에 무리를 준다. 작심삼일이 찾아온다. 헬스장을 몇 달씩 등록하고도 며칠 나가고 끝나버리는 이유다. 독서도 마찬가지다. 처음부터 무리한 독서 목표를 세우면 책 읽는 것이 힘들고 고통스러워진다.

그렇다면 어떻게 시작해야 할까. 매일 딱 한 줄만 읽어보자. 한 줄, 그 정도는 초등학생도 할 수 있을 것이다. 그러나 의외로 매일 글을 읽는다는 것이 쉽지 않다. 여러 핑계로 책을 손에 잡지 않는 날이 생긴다. 그러다 보면 하루 한 줄이라는 작은 목표도 달성하지 못한다. 의식적으로 책을 옆에 두고 읽어야 한다. 조금씩, 천천히, 꾸준히.

나는 온라인 독서모임을 운영 중이다. 독서모임 구성원들에게 하루 중 읽었던 책의 문장을 사진으로 찍어 인증해 보라고 권한다. 책을 읽지 않더라도 책 사진을 찍어보라고 한다. 그렇게 되면 사진을 찍기 위해서라도 책을 손에 잡는다. 의식적으로 책과 함께 하는 환경설정을 만들어주는 것이다. 그러다 보면 자연스레 책과 함께 하게 된다.

스마트폰 없이 살 수 없는 세상이다. 대부분의 사람은 스마트폰을 늘 손이나 주머니 속에 넣고 다닌다. 하루에도 수십, 수백 번 스마트폰을 본다. 왜 그렇게 자주 보게 되는 것일까. 바로 늘 옆에 있기 때문이다. 책도 마찬가지다. 늘 옆에 끼고 다니면 언젠가 읽게 된다. 하루 한 줄만 읽겠다는 마음으로 책을 손에 들고, 가방에 넣고 다니자. 그러다 보면 어느새 하루 한 페이지, 한 챕터, 더 나아가 하루 한 권 독서도 가능해지는 날이 온다. 처음부터 무리하지 말고 천천히 읽어보자. 스마트폰 대신 책을 잡는 습관부터 들이면 된다.

처음 책에 빠졌을 때 하루에 책 한 권을 읽기도 했다. 너무 재미있어서 책을 손에서 놓을 수 없었다. 완독 이후에는 서둘러 다른 책을 읽고 싶었다. 그렇게 몇 주가 지났는데, 갑작스레 슬럼프가 찾아왔다. 책을 읽어야 한다는 강박관념이 생겨 책 보는 것이 부담스러워졌다. 10분조차도 길게 느껴졌다. 마음을 내려놓기로 했다. 꾸준히 해보자는 목표는 잊지 않되, 딱 한 줄만 읽자고 생각했다. 그렇게 매일 조금씩 읽는 것은 부담이 덜 했다. 하루 한 줄 읽기로 마음을 바꾸니 금세 슬럼프에서 벗어날 수 있었다. 책이 잘 읽히지 않으면 다른 책을 골라 목차만 보기도 했다. 그렇게 조금씩, 천천히, 꾸준히 독서를 다시 시작할 수 있었다.

책은 읽은 만큼 삶에 도움을 준다. 단 한 줄을 읽어도 분명 도움이 된다. 한 줄을 읽고 깨달음을 얻을 수는 없지만, 책에 대해 의식적으로 생각하는 것만으로도 큰 도움이 된다. 매일 한 줄 읽기라는 도전으로 작은 성공을 이루어보자. 작은 성공은 나 자신에게 성취감을 준다. 지속성을 유지시켜 주는 힘은 동기부여다. 자신에게 동기부여를 끌어낼 수 있는 환경을 만들어보자. 다른 사람에 의해 만들어진 환경설정은 그것을 만들어 준 사람이 없으면 무너진다. 누가 없이도, 스스로 언제든 실천할 수 있는 환경설정을 만들어보자.

하루에 딱 한 줄만 읽겠다는 마음으로 가볍게 시작해 보자. 그리고 매일 잊지 말고 실천하자. 책을 늘 내 옆에, 눈에 띄는 곳에 두자. 한 줄은 어느새 한 페이지가 되고, 한 챕터가 될 것이다. 의도하지 않아도 저절로 독서량은 늘게 된다. 그렇다고 독서 목표치를 늘리지는 말자. 매일 딱 한 줄만 읽어보겠다는 마음, 그 마음을 유지하며 꾸준히 실천해 보자. 독서 초보 단계를 넘어서면 독서는 어느새 나와 한 몸이 된다. 읽은 만큼 성장한다는 믿음을 갖고 조금씩, 천천히 읽어보자.

다시 한번 강조한다.

'조금씩, 천천히, 꾸준히!'

03

손끝으로 하는 독서 : 책 속 문장 필사(Using a hand)

'필사(筆寫) : 베끼어 씀.'

국어사전의 '필사'에 대한 정의다. 한자로는 붓 필(筆), 베낄 사(寫)다.

'필사'는 대단한 것이 아니다. 한자의 뜻처럼 펜을 들고 글을 베껴 쓰면 그만이다. 필사라는 단어를 처음 들었을 때, 학창 시절 '깜지(학생들의 은어로 종이에 공부한 내용을 빼곡히 적어서 제출하는 과제를 이르는 말)'의 추억이 떠올랐다. 학교 숙제 중에는 같은 글을 여러 번 써오도록 했던 '깜지쓰기'가 있었다. 숙제라서 무심하게 적었다. 외워야 하는 것을 반복해서 쓰며 생각 없이 종이를 채웠었다. 그렇게 생각한 깜지쓰기 같은 필사가 독서를 하는 데 도움이 될까.

수많은 사람들이 필사를 해보라고 한다. 단순 베껴 쓰기를 왜 그토록 강조할까.

독서는 눈으로만 하는 활동이 아니다. 눈으로 읽고 끝나는 독서는 남는 것이 없다. 내 몸을 움직여 작은 변화라도 만들어야 한다. 독서를 하는 과정보다 독서가 끝나고 나서의 내 행동이 중요하다. 수많은 독서법이 있지만 그중 가장 기초적이면서 중요한 활동이 필사다. 필사는 책을 읽은 후 할 수 있는 가장 쉬우면서 효과적인 독서법이다.

책 속에서 좋은 문장을 만났다고 생각해 보자. 기분이 좋다. 거기서 끝내서는 안 된다. 그 문장을 따로 옮겨 적어본다. 문장을 적는 과정에서 여러 가지를 느끼고 생각해 볼 수 있다. 작가가 이 문장을 쓰면서 했을 고민, 작가의 글쓰기 구조 등을 느낄 수 있다. 그 문장을 손으로 쓰면서, 다시 생각해 보고 사색을 할 수 있다.

내 마음속에 다시 한번 문장을 새겨 넣을 때 내 안에서 다른 생각이 펼쳐지고 확장된다. 다른 이의 글이 내 마음으로 들어오는 길, 그 길을 안내해 주는 활동이 필사다. 저자와 독자가 깊이 연결되는 최초의 활동이다.

과거 인쇄기술이 발달하지 않았을 때는 모든 이들이 필사를 했다. 인쇄를 할 수 없어 손으로 직접 옮겨 적었다. 그 과정에서 '깜지'를 채우듯 썼을까. 아무 생각 없이 글자만 따라 적지 않았다. 손으로 쓰면서 단어 하나하나를 느끼고 생각하며, 한 단계 더 확장된 자신만의 글을 만들기도 했다. 아날로그적 활동이지만 필사와 필사 이후의 확장된 글쓰기로 수많은 현인이 세상에 나왔다.

이제는 인쇄기술이 너무나 발달하여 필사로 책을 옮길 필요는 없다. 그런데도 필사를 하는 이유는 과거 현인들처럼 한 단계 나아가기 위함이다. 필사의 과정에서 성장함을 느끼기 때문에 힘들어도 직접 손에 펜을 들고 글을 적는 것이다.

발달하는 과학기술은 세상을 빠르게 성장시켰다. 하지만 개인의 내면 깊은 곳까지 성장하는 데 있어 과학기술만으로는 부족하다. 개인의 성장을 위해서는 스스로 급하지 않게 천천히, 멈추어 생각하며 내면에서 성장이 일어나야 한다.

필사는 문장을 읽을 때보다 더 오랜 시간이 걸린다. 문장을 옮기면서 같은 문장을 2~3번 보게 만든다. 옮겨 적고 나서는 한 번 더 보게 된다. 수차례 문장을 보고, 읽고, 쓰면서 잠시 멈춤과 생각하는 힘이 자연스레 생긴다. 그것이 필사를 하는 이유다.

내가 독서에 재미를 붙였을 때 일이다. 점심시간에 책을 읽었다. 책 속 좋은 문장에 밑줄을 그었다. 아주 마음에 들어 수차례 읽었다. 그 순간의 기분과 감정이 좋아 다른 사람에게 꼭 말해줘야겠다고 마음먹었다. 퇴근 후 아내를 만났다. 드디어 문장을 말할 기회가 왔다.

"여보, 내가 오늘 책을 봤는데 진짜 괜찮은 문장을 봤어. 뭐냐면. 음… 아, 뭐였더라?"

좋은 문장이라 생각되어서 수차례 읽어 보았지만 입으로 제대로 나오지 않았다. 분명 여러 번 읽고 생각했음에도 왜 술술 나오지 않을까. 아내는 웃으며 말했다.

"좋은 문장이면 한번 적어봐. 포스트잇에 써서 주변에 붙여두고 다시 볼 수도 있잖아. 그러면 더 잘 기억나지 않을까?"

아내의 말을 듣고 그 문장을 다시 찾아보았다. 다시 보니 기억이 났다. 아내의 말처럼 포스트잇에 문장을 적어보았다. 문장을 적으며 책과 포스트잇을 번갈아 가며 보며 적었다. 포스트잇을 거실 벽에 붙여두었다. 적어두니 집 안을 오가면서 보게 되었다. 그리고 잠들기 전 아내에게 다시 말해보았다.

"여보 내가 오늘 본 책은 최진석 교수님의 《탁월한 사유의 시선》이라는 책이었어. 그중에 이런 문장이 있었어.
'자기 자신을 형편없다고 생각하는 이유는 그 기준이 외부에 있기 때문이다. 큰 인간은 외부의 것들과 경쟁하지 않는다. 다른 사람보다 내가 더 부족한지 더 나은지 따지지 말라. 경쟁에 빠지지

말라.'

이 문장 보면서 남과 비교하지 않고, 나 자신을 깊이 보는 힘을 키워야겠다고 생각했어."

"그래. 이제 책 제목에서부터 문장, 자기의 생각까지 술술 나오네. 퇴근해서 다급하게 말할 때보다 훨씬 나은데?"

필사를 해야 하는 이유를 깨달았다. 다음 날 문구점에 가서 노트 한 권과 꽤 비싼 펜을 샀다. '필사 노트'를 만들었다. 책을 읽고 밑줄을 그었다. 독서를 끝내기 전 시간 내어 좋았던 문장들을 노트에 적었다. 억지로 문장을 기억하기 위해 노력하지 않고 옮겨 적기만 했다. 그리고 가끔 필사 노트를 보았다. 부대에서 회의 중 잠깐 쉬는 시간이 생기면 책을 읽기는 힘들었다. 그래서 필사 노트 속 문장을 읽기 시작했다. 짧은 시간이었지만 옮겨 적은 문장을 보면서 책을 읽던 순간의 감동을 상기시켰다. 기분 좋은 독서법과의 만남에 감사했다.

독서에 재미를 붙이고 싶다면 꼭 한번 필사를 해보자. 독서 초보에게 매우 좋은 독서법이다. 의심하지 말고 적어보자. 적는 과정에서 머리와 가슴속에서 느껴지는 기쁜 변화를 만날 수 있다. 누가 시키지 않아도 필사를 하고 싶어질 것이다. 오늘 당장 노트 한 권을 사자. 자꾸 펴보고 싶은 예쁘고 작은 노트를 하나 사서 적어보

자. 그리고 시간이 날 때마다 잠깐이라도 읽어보자. 필사를 하며 찾은 나만의 문장을 읽는 과정은 또 다른 독서가 된다.

당신만의 필사 노트를 만들어 소중한 보물로 간직해보자. 필사 노트는 당신을 읽는 사람에서 쓰는 사람, 더 나아가 언젠가 작가의 길로 안내해 줄 보물이 될 것이다. 확신한다. 오늘부터 시작해 보자.

04

사진 한 장과 한 줄의 기적 : 한 줄 서평(Take a photo)

'순간 한 문장에 꽂혀 시선이 멈췄다는 것은 당신의 내면에 분명 어떤 자극이 가해졌다는 의미입니다.'

이정훈 작가의 《쓰려고 읽습니다》에 나오는 문장이다. 책을 읽다 보면 마음속에 와닿는 문장이 있다. 잠깐의 찰나이지만 멈추고 생각을 하게 만든다. 그런 문장을 만났을 때는 반드시 멈추어야 한다. 밑줄을 긋자. 멈추어서 왜 그 문장이 좋았을지 생각을 해보자. 그리고 짧은 문장이라도 책 속 여백에 당신의 생각을 적어보자. 그 순간 당신은 서평을 시작한 것이다.

서평에는 정답이 없다. 책을 완독하고 감상평을 쓰는 것도 서평이고, 좋은 문장 하나를 만나 내 생각을 적는 단 한 줄의 글도 서평이다. 서평은 대단한 글쓰기가 아니다. '글은 아무나 쓰는 것이 아니다.'라는 강박관념을 버리자. 당신도 책에 대해 평가할 수 있다. 저자의 생각이 모두 정답이 아니다. 제목만 보고 느낀 생각이 있다면 그냥 적어보자. 이 또한 서평이다.

책을 깨끗하게 읽으려는 사람들이 많다. 책을 너무 소중하게 대한다. 잘못된 생각이다. 독서법에 관한 어떤 책을 읽어보아도 책을 깨끗하게 보지 말라고 강조한다. 책을 눈으로 읽기만 하고 끝내는 것은 독서가 아니다. 단순 읽기다. 읽고, 멈추고, 써야 한다.

내 생각을 반드시 남겨야 한다. 이것이 습관이 되면 글 쓰는 능력이 길러진다. 내 생각을 세상 밖으로 끄집어내는 힘이 생긴다. 진정한 독서로 나아가는 첫 단추이다. 책에 밑줄을 긋고 내 생각을 구석구석 적어보자.

깨끗하지 않은 책, 내 글이 적힌 책은 세상 하나뿐인 나만의 책이 된다. 나만의 서평으로 가득 찬 책을 만들 수 있다.

나만의 책을 만들고 서평을 써보았다면 세상에 알려보자. 책은 공평하다. 세상 세람들 누구에게나 똑같은 표지, 글을 전달한다. 그래서 SNS에 책 사진을 올리고 책과 관련된 글을 쓰는 사람이 날로 늘어나고 있는 것이다. 같은 모습, 같은 글의 책을 통해서 각자의 개성을 표현할 수 있기에 점점 늘어나고 있다. 같은 책을 보더라도 사람의 머릿수만큼 다른 생각이 나온다. 그렇기에 책 소개를 하는 SNS는 각각 다른 개성을 느낄 수 있다. 세상 하나뿐인 서평을 쓰고 알릴 수 있다.

시작이 고민될 것이다. 방법은 아주 간단하다. 이 방법을 독서
모임 사람들에게 늘 권장하고 있다. 방법은 이렇다.

첫째, 첫 표지를 예쁘게 찍어본다.(좋은 배경이 있으면 좋다.)

둘째, 책 속 좋은 문장에 밑줄을 긋고 사진을 찍는다.

셋째, 밑줄 그은 문장에 내 생각 한 줄을 적어본다.

넷째, '책 사진 + 밑줄 그은 문장의 페이지 + 내 생각 한 줄'을
적어 SNS에 업로드한다.

SNS에 게시한 한줄 서평

이렇게 책 서평을 시작해 보자. 그리고 주변 사람들의 반응을
보라. 갑작스럽게 당신의 SNS에 책 사진이 올라오면 처음에는 어
색한 반응들을 볼 수 있을 것이다. 평소 당신의 모습과 다른 변화
에 민망한 댓글도 보게 될 것이다. 과감히 무시하고 계속 업로드하

자. 당신의 생각을 한 줄 이상 쓰려고 노력하지 말자. 다만 매일매일 업로드하자. 3주만 지나면 어느새 주변의 불편한 반응도, 내 어색함도 사라질 것이다. 당신은 어느새 '책 읽는 사람'이 되어 있을 것이다.

어색함이 사라지고 자신감이 생겼다면 내 생각을 조금 더 늘려가 보자. 한 줄에서 두 줄로, 두 줄에서 세 줄로. 아주 조금씩만 생각을 더해서 적어보자. 필요하다면 책 속 문장을 각색하여도 좋다. 예를 들어보자. 내 첫 번째 저서 《독서로 나를 디자인하라》의 한 문장이다.

'사람은 쉽게 변하지 않는다고 하지만 변화할 방법은 있다. 바로 독서다.'

이 문장이 마음에 들었다면 이렇게 각색할 수 있다.

'사람이 변할 수 있다고 생각하는가. 불가능하지 않다. 진정한 독서와 만나면 삶의 변화는 찾아온다.'

순서를 조금 바꾸고 문장을 나누면 한 편의 글이 된다. 그 누구도 만들지 못하는 나만의 문장이 된다. 글을 쓰는 데 정답은 없다. 당신의 글은 당신만이 쓸 수 있다. 자신감을 가지고 시작해 보자.

단순 읽기만 했던 독서 초보에서 독서 고수가 되는 길은 작은 변화에서 시작된다. 이왕 독서를 시작했다면 드러내면서 해보자. 주변에 당신을 '독서하는 사람'으로 알리면 어느샌가 진짜 독서가가 되어 있는 자신과 만날 것이다.

《책 잘 읽는 방법》의 저자이자 〈배달의민족〉을 만든 '우아한 형제들'의 대표인 김봉진은 본인을 '과시적 독서가'라고 말한다. 티를 내면서 책을 읽으라는 것이다. 책을 읽고 있다고 SNS에 올리고 글을 계속 올리다 보면 어느샌가 정말 독서를 하는 사람으로 바뀌어 있다는 그의 말은 독서 초보들에게 용기를 준다.

나 역시 이 책을 읽고 많은 용기를 얻었다. 당신도 가능하다. 우리 모두 과시적 독서가가 되어 '책 읽는 사람'으로 변화해 보자. 책 사진 한 장, 이를 통해 적어본 서평 한 줄은 당신이 독서 고수가 되는 기적을 만들어 줄 것이다. 그리고 언젠가 한 줄의 서평이 모여 한 권의 책으로 변하는 기적을 만들 수 있을 것이다.

05

책 속 한 문장을 내 생각으로 업그레이드 : 문장 서평(Upgrade)

한 줄 서평을 꾸준히 하다 보면 자연스럽게 글쓰기 실력이 좋아진다. 한 줄 서평이 익숙해졌다면 이제는 문장을 읽고 당신의 생각을 조금씩 덧붙여 보자. 당신도 인식하지 못하는 사이에 한 편의 글을 쓰고 있는 당신을 발견할 것이다. 책 속에서 본 좋은 문장 하나는 좋은 글감이 된다.

좋은 문장 하나를 만났다면 잠시 멈추어 생각해 보고 자신의 생각을 더해 문장 서평을 써보자. 문장을 변형해 보기도 하고, 문장 속 단어를 바꿔보는 것도 좋다. 책 속 문장은 저자의 글이지만 변형된 문장은 당신만의 글이다.

글쓰기의 시작은 모방이다. 문장 서평도 마찬가지다. 저자의 좋은 문장에 당신의 생각, 당신만의 단어 하나를 얹으면 된다.

'밤이 어두울수록 별은 빛나며, 상처가 깊을수록 우리는 단단해지며, 터널이 깊을수록 하늘은 밝은 법이다.'

양원근 작가의 《나는 죽을 때까지 지적이고 싶다》에 나오는 문장이다. 여기에 내 생각을 조금 더해서 문장 서평을 써보았다.

'밤이 어두울수록 별은 빛나며……(생략) 하늘은 밝은 법이다.' 라는 문장이 마음에 와닿았다. 현재의 삶이 힘들지라도 그것은 앞으로 다가올 날이 밝고 멋질 것이라는 희망이 될 수 있겠다고 생각된다. 조금만 버티고 힘내자!

저자의 첫 장문 서평

이렇게 한 문장을 보고 내 생각을 조금만 더하면 문장 서평이된다. 문장 서평을 하다 보면 작가의 의도를 읽을 수 있다. 문장을 되새겨보면서 작가의 생각과 만날 수 있다. 독서라는 것은 글을 쓴 저자의 침묵과 읽고 있는 독자인 나의 침묵이 만나는 시간이다.

침묵과 침묵이 만나 대화를 한다는 것. 참으로 아름다운 순간이다. 문장을 쓰며 고민했을 저자의 시간과 문장을 만나 멈추어서 생각하는 내 시간은 또 다른 창조물, 또 다른 문장을 만든다. 읽는 사람에서 쓰는 사람으로 나아가는 시작점이 된다.

문장 서평을 썼다면 반드시 어딘가에 남겨두자. SNS에 올리고, 자주 이용하는 공간에도 적어 붙여두자. 저자의 문장과 내 문장을 보면서 생각을 하자. 저자의 문장만 써두었을 때보다 더 확장된 생각이 가능해진다. 내 생각을 보면서도 성장할 수 있다. 내 글을 다시 보면서 글에 대한 평가도 하게 된다. 저자와 내가 만든 문장을 한곳에서 보면서 생각이 확장된다. 생각에 생각을 더하다 보면 더 큰 변화를 끌어낼 수 있다. 그 과정에서 세상에 단 하나뿐인 나만의 멋진 문장이 만들어지기도 한다.

안도현 시인의 〈스며드는 것〉이란 시를 보았다. 이 시를 읽고 참 많은 생각을 했다. 일상 속에서 흘려보낼 수 있는 상황을 다른 시각으로 본 시인의 마음이 멋졌다. 그 시는 다음과 같다.

스며드는 것

안도현

꽃게가 간장 속에
반쯤 몸을 담그고 엎드려 있다
등판에 간장이 울컥 쏟아질 때
꽃게는 배 속에 알을 껴안으려고
꿈틀거리다가 더 낮게
더 바닥 쪽으로 웅크렸으리라
버둥거렸으리라 버둥거리다가
어찌할 수 없어서
살 속으로 스며드는 것을
한때의 어스름을
꽃게는 천천히 받아들였으리라
껍질이 먹먹해지기 전에
가만히 알들에게 말했으리라

저녁이야
불 끄고 잘 시간이야

이 시를 보고 전개와 마무리에 감탄했다. 시를 잘 알지 못하는 나도 시를 쓰고 싶은 충동이 일어났다. 며칠 후 대형마트에 가서 달걀과 생닭을 파는 코너 앞에 섰다. 그 순간 이 시가 떠올랐다. 잠시 멈추어 생각에 빠졌고 집으로 와서 시를 써보았다.

아들에게

최영웅

잘 컸으면 지금쯤 뛰어다녔을 텐데
잘 컸으면 아침에 힘찬 목소리를 들려줬을 텐데
잘 컸으면 지금쯤 손자도 보여줬을 텐데
춥더라도 친구들과 끌어안고 있어야 해
엄마가 곧 갈게
우리 그렇게라도 함께 하자
세상을 못 보여줘서 미안해
엄마가 곧 갈게
추워하는 널 안아주러 갈게
먼저 가볼게요
내 옷이 없어지고 춥더라도
아들 옆에서 함께 있으렵니다

제발, 다음 생에는 너의 얼굴을 보고 싶구나

제발, 다음 생에는 닭으로 태어나지 말자

부끄러운 시이지만 시인의 시를 보고 나만의 시를 만들었다. 시를 보지 않았다면 떠올리지 못했을 글이다. 좋은 문장, 좋은 시를 만나고 나만의 글을 만들어보는 것은 인생에 많은 도움이 된다. 저자가 되는 시작이 될 수 있다. 작은 실천들이 쌓인다면 서평을 넘어 책을 쓰는 당신을 만날 수 있을 것이다. 오늘부터 책을 읽고 펜을 들어 글을 써보자. 한 문장이 하나의 글이 되고 책이 되는 기적을 만나기를 바란다.

06

3색 펜으로 줄 긋고 요약하기 : 독서 노트 만들기(Pen)

책은 눈으로만 읽지 말자. 손을 함께 움직여보자. 좋은 문장에 밑줄을 긋고 문장을 내 것으로 만들자.

밑줄 긋기에도 기술이 있다. 나는 삼색으로 밑줄을 긋는다. 아주 간단하면서 효과적이다. 검은색, 파란색, 빨간색을 활용해서 줄을 긋는다. 좋은 문장 중에서도 감동의 정도가 다른 문장들이 있다. 그 순간의 감동을 나만의 기준으로 분류해서 색을 구분 지어 밑줄을 긋는다. 그리고 이 문장들을 한곳에 정리해두면 책을 다시 볼 때 도움이 된다.

다음과 같이 좋은 문장들을 구분해 보자.

첫째, 검은색은 보통이다. 좋은 문장이지만 가슴을 울릴 정도의 문장은 아닐 때, 그냥 스쳐 지나가기에는 조금 아쉬운 문장에 검은색 밑줄을 긋는다. 책을 다시 펴보았을 때 문맥을 이해할 수 있는 중요 부분에 밑줄을 그으면 좋다. 책의 흐름을 이어가는 부분도 좋다. 다시 책을 보아도 전체를 읽지 않고 책 속 내용을 파악할 때 좋다.

둘째, 파란색은 중요한 부분이다. 책 속 문장 중 내가 기억하고 싶은 문장, 핵심적인 문장을 파란색으로 긋는다. 나는 파란색을 가장 많이 쓴다. 파란색은 검은색보다 책을 폈을 때 눈에 잘 띈다. 책 속 글씨와는 다른 색이라 구분이 잘되어 한눈에 들어온다. 책 속 내용을 요약할 때 유용하다. 책을 다시 읽을 때 파란색 밑줄만 읽어도 책 읽을 당시의 감동과 감정을 느낄 수 있다. 이에 대한 기준은 순전히 나만의 기준이다. 책 한 페이지 전체가 될 수도 있고, 한 페이지 중에서 단 한 줄일 수도 있다. 중요한 내용은 파란색으로 그어보자.

셋째, 빨간색은 감동적인 부분이다. 책의 내용 중 가장 핵심이라 생각된 문장에 빨간색을 그었다. 그 문장 하나가 책 하나를 설명할 수 있을 정도로 핵심적인 부분, 읽었을 때 내 마음이 너무나 즐겁고, 감격스러웠고, 심장을 뛰게 한 문장을 표시해 보자. 이 문장들만 모아서 읽어도 책 속 모든 감동을 단번에 느낄 수 있다. 보통 빨간색 밑줄 옆에는 별표가 쳐질 때가 많다. 그만큼 좋은 문장을 만났을 때 빨간색을 치는 것이다. 파란색보다 더 눈에 띄어 단

번에 눈과 마음속으로 들어온다.

이렇게 3가지 색으로 줄을 치는 연습을 하면 책 속 문장을 세심히 보는 습관이 생긴다. 문장이 주는 감동의 크기는 독자마다 다를 것이다. 그 감정들을 한 가지 색으로만 표현한다면 구분 짓기가 어렵다. 감명받은 좋은 문장을 더 드러나게 하면 다시 책을 볼 때 감동을 끄집어낼 수 있다. 이 방법을 통해 책을 보며 느낀 생각과 생각의 흐름을 다시 느낄 수 있게 된다.

열심히 밑줄을 그어보았다면 거기서 멈추지 말자. 지금부터 책을 4~5번 읽는 효과를 얻을 방법, 책을 온전히 내 것으로 만들 방법을 소개하겠다. 바로 '독서 노트'를 만드는 것이다. 독서 노트는 밑줄만 잘 그었다면 쉽게 만들 수 있다. 밑줄 그은 문장들을 다시 읽어보면서 워드 프로그램(한글 오피스 등)을 이용해 타이핑하여 파일로 만들면 된다. 이때 도움이 되는 것이 색깔로 구분 지어놓은 것이다.

밑줄 친 문장들만 적어도 좋지만 색깔을 구분 지었다면 그 색에 맞춰 독서 노트에도 다른 글씨체로 구분 지어보자.

모든 책에는 목차가 있다. 목차를 그대로 적은 후, 목차 아래에 밑줄 그은 문장을 타이핑해보자. 검은색, 파란색, 빨간색으로 밑줄 쳐진 문장들을 구분 지어 글씨체를 다르게 해보자. 빨간색 밑줄 친 문장은 음영을 넣기도 하고, 이모티콘을 붙여 눈에 드러나게 표시도 해보자. 이렇게 내용을 옮겨 적다 보면 노트를 정리하면서 문장을 다시 읽어보게 되고 다시 그때의 감정으로 돌아가게 된다. 문장을 옮겨 적다 보면 앞뒤 문맥이 궁금해지기도 한다. 그러면 그 부분을 다시 읽어보게 된다. 이런 식으로 정리를 하면서 책을 4~5번 읽는 것과 같은 깊은 독서를 하게 된다. 작은 환경 변화를 통해 책을 더 깊게 읽을 수 있다. 책을 제대로 읽고 깊게 읽고 싶다면 독서 노트는 강력 추천이다.

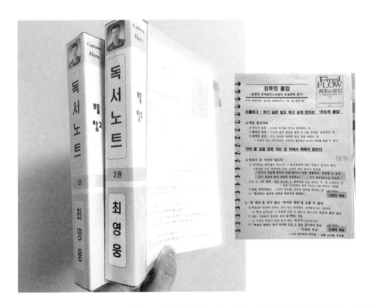

저자의 독서 노트

나는 지금까지 15권의 책을 독서 노트에 담아보았다. 나만의 '보물창고'라는 이름을 적은 독서 노트 바인더를 보면 가슴이 뛴다. 책이 읽히지 않는 순간이 올 때는 독서 노트를 꺼내 본다. 요약하고 정리하면서 느꼈던 내 감정들과 만난다. 책이 주었던 감동과 사색의 시간과 만난다. 독서 노트로 옮긴 책들은 절대 잊지 못한다. 어느 순간에도 내 곁에 두고 함께 할 내 보물이다.

독서량이 늘수록 내 몸속 어딘가에 책을 남기고 싶어지는 욕구와 만나게 될 것이다. 그러기 위해서는 책을 깨끗이 읽지 말자. 책을 더럽히며 읽자. 밑줄을 긋고, 책 구석 여기저기에 생각을 적고, 좋은 페이지는 책 끝을 접어가면서 표시하자. 그렇게 읽어야만 책이 진정으로 내 것이 된다. 그렇게 깊게 읽은 책을 책장에 꽂아만 놓지 말고, 다시 들여다보고 요약해서 독서 노트를 만들자. 그 과정에서 책을 더 깊게 읽을 수 있고 내 것으로 만들 수 있다.

약간의 수고로움을 견뎌내고 1권의 책을 독서 노트로 요약해 보면 감동을 느낄 수 있다. 열심히 노력한 자신에게 감사하게 된다. 요약된 독서 노트를 보며 경험해 보지 못한 성취감을 느낄 것이다. 독서를 시작한 당신이여, 반드시 독서 노트를 만들자. 독서 노트를 내 책상에 눈에 띄는 곳에 두고 수시로 펴보자. 진정한 독서가가 되는 길과 방향을 깨닫는 기회가 될 것이다.

07

읽고, 쓰고, 나누고 : 고,고,고! 기부 독서(Donation)

'독서하는 군인의 읽고, 쓰고, 나누고! 〈독하군의 고고고!〉'

책을 읽으면 나 자신의 성장에 도움이 되어서 좋다. 나는 여기서 한발 더 나아가 보고 싶었다. 내 독서 활동이 타인에게 도움을 줄 수는 없을까? 그런 독서라면 책 읽는 동기부여가 더 강력해질 것 같았다.

처음 책을 읽을 때는 동기부여가 중요하다. 독서라는 활동은 눈에 보이는 변화를 쉽게 느낄 수 없다. 그래서 가시화되는 자극은 강력한 동기부여가 된다.

2023년 1월의 어느 날, 내 인생 멘토 중 한 분인 김을호 교수님과 처음 만났다. 독서에 대한 열정과 깊이가 남다르신 분이다. 그분과의 대화로 나는 성장했다. 내 독서에 대한 열정을 인정해 주셔서 감사했다. 나와 같은 군인들이 많아져야 군대가 발전할 것이라는 감사한 말씀.

약 2시간의 대화 속에 많은 배움을 얻었다. 수많은 질문을 했다. 그중 한 가지 질문이 새로운 독서법을 만들었다.

"꾸준한 독서를 유지하기 위한 방법이 있을까요?"

교수님은 많은 독서법과 독서 활동을 유지하는 콘텐츠들이 있었다. 그중 하나가 〈기부리딩 기부리더〉였다. 나눔 독서다. 책 1페이지를 읽으면 저금통에 10원을 기부하는 방식이다. 그 활동의 구호가 '읽GO, 쓰Go, 기부하GO'다. 책을 읽고 서평도 써보고 기부도 하는 좋은 방법이었다. 독서를 유지하기 위한 가시화된 방법이었다. 내가 찾던 독서법이었다.

교수님과의 만남이 끝나고 지하철을 탔다. 〈기부리딩 기부리더〉 활동에 대해 계속 생각했다.

'어떻게 하면 나만의 콘텐츠를 만들 수 있을까?'

나는 나만의 방식으로 이 활동으로 만들어보기로 했다. 저금통은 플라스틱이 아닌 종이로 된 저금통을 사용하면 환경보호에도 도움이 될 것 같았다. '읽GO, 쓰Go, 기부하GO'라는 구호를 각색해 보았다.

'읽고, 쓰고, 나누고.'

그렇게 나만의 독서법 하나를 만들었다.

남들에게 권하기 전에 내가 먼저 실천해 보았다. 종이 저금통을 사서 눈에 보이는 곳에 두었다. 책을 읽는 공간에 두고 책을 읽으며 잠깐씩 바라보았다. 눈에 보이는 무언가가 있으니 도움이 되었다. 저금통을 채우기 위해 책을 손에 들게 되었다. 하루에 1페이지라도 읽고, 10원이라도 기부하자고 마음먹었다. 매일 책을 읽게 되었다. 스스로 동기 부여가 되는 환경설정을 만든 것이다.

약 한 달간 꾸준한 독서를 했다. 책 10권을 읽었다. 평균적인 속도보다 많은 독서량이었다. 책 읽기를 좋아하는 첫째 아들에게도 설명해 주고, 책을 읽으면 동전을 줘서 저금을 유도했다. 아들도 흥미를 느끼고 독서하는 시간이 늘었다. 기부 독서의 효과를 몸소 깨닫게 된 시간이었다.

아들과 함께 한 달간 독서를 하고 약 3만 원 정도의 금액을 모았다. 저금통이 제법 무거워졌다. 이제는 기부를 할 차례였다. 그날은 첫째 아들이 초등학교를 입학하기 1주일 전이었다. 아이에게 기부활동이 무엇인지 알려주고 싶었다. 집 주변에 기부할 곳을 찾아보았다. 가까운 곳에 '굿네이버스' 사무실이 있었다. 기부 독서를 한 금액에 조금 더 보태어 저금통을 채웠다. 며칠 뒤 아들 손에 저금통을 들고 아내와 함께 '굿네이버스'를 찾아갔다. 큰 금액은 아니

독서하는 군인의 읽고, 쓰고, 나누고!

사랑하는 가족과 함께
1차 기부 달성!

기부 독서 저금통   기부 독서 실제 사진

었지만 기부를 했다. 우리 가족의 모습을 본 지부장님께서 제의를
해주셨다.

"가족이 함께 기부하러 방문하시는 것은 몇 년 만인 것 같아요.
사진 찍어도 될까요?"

사진 촬영을 생각하지는 못해 꾸미고 가지 못했지만, 오히려 자
연스러운 모습이 사진에 담겼다. 우리 가족에게 즐거운 추억 사진
하나가 생겨 감사했다. 며칠 뒤 굿네이버스에서 연락이 왔다. 가족
사진과 함께 우리의 기부활동을 신문 기사로 내고 싶다고 하셨다.
너무 감사한 제의였다. 부대에 보고 후 승인을 받았다. 다음 날, 기
사가 나왔다. 우리 가족에게 평생 잊지 못할 추억이 되었다. 아들에
게는 기부라는 것이 무엇인지 확실히 인식시켜주는 계기가 되었다.

기부 독서 기사

　그 이후로 우리 가족은 꾸준히 기부 독서 중이다. 일정 금액이 모이면 직접 가까운 봉사 단체 등을 찾아 기부한다. SNS에 기부 독서에 대해 알렸다. 많은 분께서 관심을 가져주셨고, 저금통과 책을 보내드렸다. 기부 독서 활동이 널리 퍼지게 되었다. 기부 독서를 실천해 보고 금액을 전달해 본 경험자들이 감사한 마음의 글도 전달해 주셨다. 이보다 기분 좋고, 뿌듯한 일이 있을까.

처음 책을 읽을 때 지속성과 의지를 잃을 수 있다. 그럴 때 꼭 기부 독서를 해보기를 바란다. 책의 내용이 모두 기억나지 않더라도 기부를 한 기억은 잊혀지지 않는다. 같은 금액의 돈이라도 그냥 기부하는 것과 독서를 통해 조금씩 저축한 금액의 의미와 가치는 다르다. 기부에도 의미를 부여하면 나눌 때 기쁨은 배가 된다. 이 경험이 당신이 독서를 하는 힘을 유지해 줄 것이다.

기부 독서는 혼자서 할 수도 있지만 누군가와 함께 하나의 저금통에 돈을 모아보면 더욱 좋다. 아이가 있다면 아이와 함께 저금통을 만들어 같이 기부 독서를 해보자. 자녀의 정서발달에도 큰 도움이 된다. 책을 읽는 것이 재미있어지면 아이는 스스로 책을 읽는다. 강요 없이 스스로 하는 독서만큼 좋은 것은 없다.

'기부독서' 신문기사를 본 라디오 작가님의 섭외로 국방 FM 출연

나는 '독서하는 군인의 읽고, 쓰고, 나누고'를 줄인 '독하군의 고고고!' 활동으로 기적 같은 경험을 많이 했다. 지역 신문에 기사화되고, 이 기사를 본 국방 FM 작가님이 라디오 출연 제의를 하여 녹화도 했다. 이달의 '화제의 인물'로 선정되었다.

좋은 일을 하면 더 좋은 일이 찾아온다. 좋은 사람들도 따라온다. 《시크릿》이라는 책에서 말한 '끌어당김의 법칙'이 바로 이것이다. 몸소 경험하고 체험해 보니 독서에 대한 열정이 더욱 강해졌다.

책을 읽다 지치게 되었다면 기부 독서를 해보자. 읽고, 쓰고, 나누면서 혼자만의 성장이 아닌 나누는 기쁨을 통해 새로운 행복을 느낄 수 있다. 독서를 유지할 수 있는 너무나 의미 있고 좋은 방법이다. 혼자보다 함께 해보면 더 좋은 활동이다. 함께 책을 읽고 기부활동도 하는 동료를 만들 수 있다. 오늘부터 1페이지에 10원씩! 나만의 구호를 만들어 기부 독서를 시작해 보자.

08

나의 한계를 극복하는 독서 습관 만들기! : 독서 66일 챌린지(Overcome)

　'갓생(GOD + 生)살기'가 유행이다. 하루하루를 계획적으로, 열심히 살아내는 삶을 의미하는 신조어이다. 이는 최근에만 화두가 된 것이 아니다.

　인생을 계획적으로 살고자 하는 노력은 과거에도 있었다. 그런데 왜 요즘 이 단어가 이슈화가 된 것일까. 힘든 삶 속에서 성장하고자 하는 이들이 늘고 있기 때문이다. 대충 살아서는 살아남기 힘든 세상이다. 무언가를 얻고자 한다면 과거보다 더 열심히 살아야 한다.

　'갓생살기'의 방법으로 유행하는 것 중 하나가 습관을 만들기 위한 '66일 챌린지(Challenge, 도전)'이다. 66일이라는 시간은 습관이 형성되어서 반복하지 않으면 삶이 불편해지는 기간이라 한다. 뇌과학적으로도 증명되었다. 한 가지 습관을 만들고자 한다면 66

일간 꾸준히 해보자. 66일. 짧다고 생각할 수 있지만, 결코 그렇지 않다. 작심삼일이라는 오래된 사자성어는 그냥 생긴 것이 아니다. 그만큼 꾸준히 무언가를 한다는 것, 습관을 만든다는 것은 과거부터 오늘날까지 어려운 일이다. 왜 어려울까?

지나친 목표 설정이 문제다. 과도한 목표는 사람을 금세 지치게 만든다. 꾸준하게 하지 못했을 때의 불편한 마음, 과도한 목표를 달성하지 못했을 때의 스트레스는 스스로 만드는 것이다. 습관을 만들기 전에는 목표를 작게 설정해야 한다. 작은 목표를 만들고 성공하는 경험에 노출되어야 한다. 작은 성공을 통해 성취감과 만족감을 자주 느껴야 한다. 무엇이든 작게 시작하자. 그러면 꾸준한 실천이 가능하다.

독서 습관도 66일의 시간이 필요하다. 독서도 목표를 작게 설정해야 한다. 하루 1시간 독서하기, 하루 100페이지 읽기와 같은 목표는 좋지 않다. 하루 1페이지 읽기, 심지어는 하루 1줄 읽기처럼 작은 목표를 세우자. 하루에 한 줄 읽기는 쉽다. 다만 책이 내 옆에 항상 있어야 한다. 독서 습관의 시작은 책을 주변에 항상 위치시키는 것이다.

우리는 하루 중 수십 시간 스마트폰을 본다. 하루에도 수천 번 본다. 그 이유가 무엇일까. 바로 항상 손에 쥐고 있기 때문이다. 무엇이든 주변에 있으면 자주 찾게 되고 시선이 간다. 독서도 이런 환경설정이 필요하다.

하루 중 내 동선을 생각해 보자. 의외로 반복적인 루틴이 많다. 직장인 A를 예로 들어보자.

① 아침에 일어난다.
② 출근하는 지하철을 탄다.(또는 자차를 이용한다.)
③ 직장에 도착한다.
④ 점심을 먹고 카페에서 차 한 잔을 한다.
⑤ 사무실로 돌아와 일한다.
⑥ 퇴근 시간이 되어 지하철 또는 차를 탄다.
⑦ 헬스장을 간다.
⑧ 집으로 돌아와 샤워 후 잠을 잔다.

위의 8가지 경우에서 충분히 독서를 할 수 있다.

하루 중 내 동선을 생각해 보자

① 아침에 일어난다. → 베개 옆에 책을 두고 잔 후 아침에 일어나서 책 1줄을 본다.

② 출근하는 지하철을 탄다.(또는 자차를 이용한다.) → 가방 속에 책을 넣고 지하철에서 읽는다. 또는 신호 대기 구간, 주차장에서 잠시 읽는다.

③ 직장에 도착한다. → 사무실 내 책상 위에 책을 두고 잠시 쉴 때 읽는다.

④ 점심을 먹고 카페에서 차 한 잔을 한다. → 식당, 카페에 책을 들고 가서 읽는다.

⑤ 사무실로 돌아와 일한다. → 50분 업무, 10분 휴식하며 쉬는 시간에 책을 본다.

⑥ 퇴근 시간이 되어 지하철 또는 차를 탄다. → 지하철에서, 차 안에서 잠시 책을 본다.

⑦ 헬스장(기타 취미활동이나 자기 계발)을 간다. → 운동 중 쉬는 시간에 책을 본다.

⑧ 집으로 돌아와 샤워 후 잠을 잔다. → 잠들기 전 머리맡에 둔 책을 읽는다.

아주 간단하다. 책이 내 손에 있기만 하다면 하루 1줄 읽기는 너무 쉽다. 진짜 문제는 이 시간에 스마트폰이 손에 있고, 스마트폰만 수시로 본다는 것이다. 스마트폰을 보는 시간을 반만 줄여 책보는 데 투자하면 하루 1페이지는 물론, 30~100페이지 책 읽기까지도 가능하다. 이런 환경설정을 한다면 66일 책 읽기도 쉽게 달성

할 수 있다.

66일간 내 손에, 가방 속에 늘 책을 넣고 다니자. 책 1권만을 가지고 다니다 보면 잠시 잊고 챙기지 않을 수 있다. 2~3권, 또는 그 이상의 책을 준비하자. 침실의 베개 옆에, 가방 속에, 화장실에, 자동차 안에, 사무실 책상에, 헬스장 캐비닛에 골고루 두자. 눈에 자주 보이도록 환경설정을 해보자. 처음은 어색할지 모르지만 시간이 지나면서 점차 익숙해진다.

요즘은 전자책 사용률이 종이책 이용률을 넘어서고 있다. 전자책 읽기도 한 가지 방법이다. 스마트폰은 늘 가지고 다니기 때문에 전자책 읽기도 늘 가능하다. 다만 내 경험상 전자책은 종이책을 뛰어넘을 수 없다.

종이책만이 주는 책 고유의 맛이 있다. 책 한 장을 넘기는 기분, 좋은 문장을 만났을 때 펜을 들고 밑줄 긋는 순간, 밑줄을 긋고 내 생각을 적을 수 있는 여백이 주는 안정감, 책이 주는 기분 좋은 묵직함. 이런 기분 좋은 감정들 때문에 나는 전자책을 잘 읽지 않는다.

전자책의 장점도 많지만 독서 초보라면 종이책으로 습관을 만들어 나가기를 권한다. 종이책을 읽고 습관이 형성되고, 나만의 독서법이 형성되었을 때 전자책을 읽자. 초보에게는 정도가 필요하다. 응용은 그다음 과정이다. 전자책은 많은 독서법의 응용 단계에 속한다고 할 수 있다. 어린아이가 달리기하기까지는 수많은 과정이 필요하다. 일어서는 법을 익히고, 서는 법을 배우고, 걷는 방법을 터득하고 난 후 비로소 달릴 수 있게 된다.

종이책 읽기는 독서 초보에게 있어서 일어서는 방법을 배우는 과정이다. 종이책을 66일 동안 읽은 후 책 읽기가 완전히 습관이 되었을 때 비로소 걷고 뛰는 독서가가 될 수 있다. 종이책과 가까이하며 독서 습관을 만들어보자.

당신의 일상을 돌아보자. 삶의 동선을 파악해 보자. 그 동선에 여러 권의 책을 골고루 배치해 보자. 그 공간에 갔을 때 읽기 편한 책을 비치해 보자. 잠시 쉬는 시간이 찾아오면 스마트폰 대신 책을 잡아보자. 그리고 단 한 줄, 한 페이지만이라도 읽겠다는 마음으로 책을 읽자. 멈추지 말고 66일간 이어가자. 66일이 지나면 당신의 도전은 결실을 맺을 것이다. 성공의 경험을 맛보자. 독서 초보에서 독서 고수가 되는 길이 열릴 것이다. 66일 뒤, 달라진 당신을 기대해 본다.

4장

책을 제대로 만나는 8가지
심층 독서 훈련법, BEST HERO!

독서의 최종 목적은 삶에 적용하고 삶이 변화되는 것이다. 한 줄의 좋은 문장을 만났다면 잠시 멈추어 생각해 보자. 내 삶에 어떻게 적용할지를 고민하고 실천해 보자. 실천으로 옮겨서 삶이 변화되었다면 이미 그 책은 다 읽은 것과 매한가지다. 책을 완독하고 책 내용을 기억하는 것보다는 1가지라도 실천해서 나만의 이야기를 말하는 것이 진정한 독서다.

01

마음 가는 대로, 끌리는 대로! : 5권 동시 독서법(Books)

책을 읽을 때 보통 1권을 붙들고 처음부터 끝까지 읽으려고 할 것이다. 대부분 사람이 그렇게 독서를 한다. 책 한 권을 완독해야만 다음 책으로 넘어가야 한다는 고정관념이 있기 때문이다. 이 고정관념을 깨야 한다. 당신이 읽고 싶은 책 여러 권을 동시에 읽어보는 것이다. 한 가지 분야만이 아니라 다양한 분야의 책을 동시에 5권씩 읽어보자. 어떤 일이 일어날까.

시도해 보지 않으면 느낄 수 없다. 많은 의문이 들 것이다. 5권이나 되는 책을 동시에 읽으면 내용이 다 기억나지 않을 것 같다. 한 권의 책도 읽기 힘든데 5권이라니, 당장 걱정이 앞설 것이다. 두려워하지 말라. 수많은 사람이 시도했고 좋은 결과를 얻은, 검증된 독서법이다.

한 권의 책을 처음부터 끝까지 읽다 보면 지치기도 한다. 흥미

있는 책을 만나 순식간에 읽게 되는 경우도 있지만, 300페이지가량의 책을 읽다 보면 읽다가 지치기도 한다. 억지로 끝까지 읽겠다는 마음은 오히려 집중력을 흐리게 한다. 잠시 머리를 식히기 위해 다른 책을 집어보자. 새로운 책을 손에 잡으면 다시 읽어나갈 힘이 생긴다. 책 읽기를 처음 시작할 때의 기대감과 집중력이 되살아난다. 이 마음을 이용하는 것이다. 우리의 뇌가 새롭게 시작하는 힘을 얻도록 자극을 주는 것이다.

책을 읽을 때 처음 30페이지 정도는 수월하게 읽힌다. 새로운 내용에 대한 기대감, 생각의 전환으로 머리가 맑아진다. 그렇다면 5권을 동시에 읽으면 어떨까.

《이 책은 돈 버는 법에 관한 이야기》의 저자 고명환 님은 10쪽 독서법을 고안했다. 고명환 님은 10쪽씩만 책을 읽고 다음 책으로 넘어가 보라고 한다. 본인은 30권으로 시작했다고 한다. 10쪽씩만 책을 읽으면 생각보다 빨리 읽힌다. 읽다 보면 10쪽은 작은 범위라서 금방 읽히고, 그 뒤에 내용이 궁금해진다. 참아야 한다. 참고 다음 책으로 넘어가서 10쪽을 읽는다. 궁금한 마음은 다음번에 그 책으로 되돌아왔을 때 책을 읽는 힘이 된다. 지치는 순간을 줄여준다. 이것이 한 번에 여러 권 책 읽기의 장점이다.

그렇다면 읽어내는 지속성만 좋을까. 더 좋은 효과가 있다. 다양한 책들 속 내용이 연결되어서 새롭고 창의적인 생각을 가능케 한다는 것이다. 창의성에 대한 책을 읽으면 공통적으로 말하는 것이 있다.

'창의성은 세상에 없는 새로운 것을 만들어내는 것이 아니다. 기존의 지식을 연결했을 때 창의적이고 창조적인 것이 나온다.'

책을 여러 권 읽을 때 책 속 내용은 우리 머릿속 무의식에 담긴다. 책을 읽는 도중에, 책을 잠시 내려놓고 생각을 할 때 그 내용과 지식은 연결된다. 어느 순간이라 정의할 수 없지만, 반드시 그 순간이 찾아온다. 그 과정에서 창의적 지식, 지혜가 만들어진다. 고명환 님의 표현에 따르면 '엉망진창'의 힘이 있다고 한다. 수많은 책 속 내용이 머릿속에서 엉망진창으로 뒤섞이며 그 속에서 생각지도 못한 지혜와 새로운 힘이 나온다는 것이다.

《책, 열 권을 동시에 읽어라》의 저자 나루케 마코토 역시 한 번에 여러 권 책 읽기의 힘을 말한다. 그는 이 방법을 '병렬식 독서법'이라 불렀다. 눈에 보이는 곳, 내가 이동하고 활용하는 공간 곳곳에 책을 두는 것이다. 그 장소에 갔을 때 책을 들어 읽어나가는 방법이다.

내 경우 처음에 5권을 동시에 읽어보았다. 처음 시작하기 전에는 의심이 생겼다. 과연 책 속 내용이 다 기억이 날 것인가, 많은 책을 모두 완독할 수 있을까. 수많은 의문이 들었지만 일단 시도했다. 서점에 가서 끌리는 책을 5권 구매했다. 인문학 2권과 자기계발서, 역사, 사회학 각 1권씩을 선택했다. 책을 5권에 동시에 사는 것 자체에서부터 새로운 기분이었다. 보통은 책을 살 때 1권에서 많게는 3권 정도를 사곤 했다. 5권의 책을 들고 서점을 나올 때 묵직한 무게감이 마음을 든든하게 해줬다.

5권 동시 독서를 하며 기부독서를 실천

집에 와서 책상 위에 책들을 올려두었다. '10쪽 독서법'을 적용해 보기 위해 노트 한 권에 책 속 읽은 페이지를 적어가며 읽었다. 10쪽은 금세 읽혔다. 그렇게 5권을 동시에 읽었다. 한 권의 책을 50페이지 읽을 때보다 힘들지 않음을 느꼈다. 계속 새로운 시작을 한다는 마음에 책 읽는 속도가 빨라졌다.

다음 날, 다시 5권을 책을 읽었다. 5권의 책 내용이 기억나지 않을 것 같았는데 반대로 더욱 명료했다. 책을 짧게 읽다 보니 더 집중해서 읽혔다. 새로운 책으로 옮기고 첫 줄을 읽을 때 이전까지 읽었던 내용이 떠올랐다. 놀랍고 신기한 경험이었다. 더 즐거운 경험은 책에서 읽은 내용이 합쳐지면서 한 권만 읽었을 때는 생각하지 못했을 새로운 생각이 떠오르는 것이었다. 인문학의 내용과 역사가 만나 역사 속 인물의 삶과 생각을 고민해 보게 되었다. 인문학과 자기계발서가 만나 성장을 하고자 하는 사람들의 마음과 욕망에 대해 사유해 보았다. 한 분야의 책만 읽었다면 절대 불가능했을 일이다.

끌리는 대로 책을 골라보자. 5권도 좋고 10권도 좋다. 많은 책으로 시작하기 부담된다면 3권 정도도 좋다. 중요한 것은 일단 시도하는 것이다. 그동안 해보지 않았던 경험 속에서 새로운 감정, 생각이 일어남을 느끼게 될 것이다. 10쪽씩 읽어도 좋고 30쪽씩 읽어도 좋다. 분량은 스스로 정하되 기준을 정했다면 정확히 지키자. 한 책이 재미있다고 정해놓은 분량을 넘어가면 다음 책을 읽을 때 에너지가 부족해질 수 있다. 궁금하지만 참고 넘어가면 다음 책을 읽어나갈 더 큰 힘을 만들어낸다.

의심하지 말고 시도해 보자. 마음 가는 대로, 끌리는 대로 골라서 읽어보자. 경험해 보지 못한 창의적인 생각들이 당신 앞에 나타날 것이다.

02

30분을 3시간처럼 : 동영상 촬영 독서(Expose)

스마트폰 기술이 날로 발전하고 있다. 카메라 기술, 저장 공간, 배터리 용량 등 과거에는 생각하지 못한 기술력을 통해 삶을 풍성하게 만들어주고 있다. 특히, 스마트폰의 카메라 기술은 몇 년 사이에 일반 카메라를 뛰어넘고 있다. 발전해 가는 스마트폰 카메라 기술을 당신을 어떻게 사용하고 있는가. 좋은 기술을 가지고도 제대로 사용하지 못하고 있다면 스마트한 현대인, 스마트인(人)이 아니다.

발전된 카메라 기술은 사람들로 하여금 셀카를 많이 찍도록 만들고 있다. 카메라 앞에 선다는 것은 때로는 부담이 되기도 한다. 자신의 얼굴에 100% 만족하며 사는 사람이 없듯이 카메라 앞에서 자연스럽고 당당한 사람은 드물다. 무의식적으로 카메라를 의식하고 있기 때문이다. 사진보다 영상을 찍으면 의식의 정도는 더하다. 스마트폰을 들고 자신의 모습을 동영상으로 촬영해 보라. 어색한

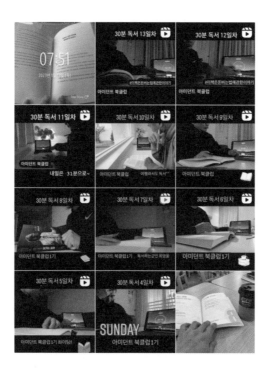

마음에 쉽게 자신을 촬영하기가 쉽지 않을 것이다. 영상에서 말을 하거나 일정한 행동을 할 때는 훨씬 더 의식하게 된다. 바로 이 의식을 이용하면 독서에도 도움이 된다.

2023년 1월에 온라인 독서모임에 참여했었다. 그 독서모임에서는 매일 책 읽기를 실천하는 인증을 했다. SNS에 자신의 책 읽는 모습을 30분간 촬영 후 업로드하는 방법이었다. 나만의 공간에서 얼굴도 나오지 않는 모습을 촬영한다. 순전히 책 읽는 모습만을 찍는다. 큰 도움이 될까 하고 의심스러웠다.

인증 1일 차. 스마트폰을 고정하고 책과 책장을 넘기는 내 손만

찍어보았다. 묘한 기분이었다. 늘 가지고 다니던 스마트폰인데 그 앞에 있는 내 모습이 어색했다. 어색할 때면 습관적으로 스마트폰을 보곤 했다. 그런데 스마트폰으로 영상을 찍고 있으니 스마트폰을 이용해 다른 행동을 할 수 없었다. 그저 책을 읽어야만 했다. 스마트폰을 사용하지 못하는 순간, 새로운 사실을 깨달았다. 집중할 수 있는 시간이 늘어났다.

스마트폰은 우리의 집중력을 빼앗는 가장 큰 주범이다. 그 주범이 사용 불가 상태가 되니 자연스레 집중할 수 있는 시간이 생겼다. 촬영되고 있는 내 모습에 흐트러짐 없이 책만 보려고 노력했다. 영상이 저장되고 SNS로 공유해야 한다고 생각하니 얌전히 책을 보게 되었다. 집중력이 극대화되었다.

30분간 영상을 찍고 녹화 종료 버튼을 눌렀다. 보통 30분이면

15페이지 남짓 읽혔던 책을 50페이지나 읽었다. 책 속 내용도 또렷하게 기억이 났다. 온전히 책에만 집중할 시간을 만든 것이다. 30분을 마치 3시간처럼 몰입할 수 있었다. 이거구나! 집중력을 높이는 방법은 의식적으로 나를 절제하고, 집중을 방해하는 요소를 제거하는 것이었다.

영상 속 나는 읽고 넘기고 적고 있었다. 그 모습을 돌려보면서 큰 만족감을 느꼈다. 더군다나 새벽이라는 시간을 이용해서 독서를 했기 때문에 조용히 책만 읽는 경험을 할 수 있었다. 누구의 방해도 없이 30분을 보내는 것이 정말 오랜만이었다.

우리 삶에는 불필요한 것들이 많다. 우리의 정신을 혼란스럽게 만들고 흔들어놓는 매개체들이 날로 늘어나고 있다. 그 속에서 온전히 집중하는 방법은 환경을 바꾸는 것이다. 내 마음과 정신을 분산시키는 것들을 제거해보자. 한 가지에만 집중할 수 있도록 삶을 조정해 보자. 내 손안에서 내 집중력을 빼앗고 있는 스마트폰과 분리되어 보자. 고도의 집중력이 되살아날 것이다.

며칠간 꾸준히 30분 영상 촬영을 했다. 처음에 느낀 어색함이 많이 사라졌다. 촬영되는 장면을 의식적으로 쳐다보게 되던 습관도 사라졌다. 온전히 독서에 집중할 수 있게 되었다. 동영상 촬영 독서는 처음부터 잘되진 않는다. 촬영을 의식하는 과정을 반복한 후 익숙해졌을 때 온전한 독서가 가능하다. 처음부터 집중력이 향상되리라는 생각은 버리자. 66일 챌린지에서 말했던 것처럼 조금씩, 천천히 실천하다 보면 익숙해진다. 생각보다 오래 걸리지 않는다. 4~5일 반복하면 익숙해질 것이다.

모든 습관 형성에는 시간이 걸린다. 독서법도 마찬가지다. 조금씩, 천천히 실천하다 보면 가능해진다. 꾸준함만 유지한다면 불가능은 없다. 불가능은 자신이 만들어놓은 한계 때문에 발생한다. 긍정적인 마음으로, '할 수 있다.'라는 마음으로 노력해 보자. 카메라 앞에 서는 것이 자연스러워지고 더 나아가 영상을 통해 책에 대해 이야기하는 단계까지 발전할 수 있다. 일단 시작해 보자. 시작이 반이다. 시작하고 나면 아무것도 아님을 느낄 수 있다. 오늘은 스마트폰 앞에 책을 들고 앉아있는 당신과 만나기를 바란다.

03
서평을 콘텐츠로 : 서평 카드뉴스 제작(News card)

인터넷과 SNS의 발달로 책 관련 콘텐츠를 만드는 사람들이 늘고 있다. 책에 대한 관심과 사랑을 갖는 이들이 많이 있음에 기쁘고 감사하다. 책 관련 콘텐츠를 만드는 다양한 방법이 있다. 그중에서도 '카드뉴스'를 만드는 것을 적극적으로 추천한다. 서평을 썼다면 조금 더 노력을 더 해서 카드뉴스로 만들어두면 보기 쉽고, 공유하기도 좋은 나만의 콘텐츠가 완성된다.

과거에는 카드뉴스를 만드는 데 손이 많이 갔다. 프레젠테이션이나 사진 편집 프로그램을 사용해야 했다. 컴퓨터가 있는 환경에서만 가능했었다. 지금은 수많은 애플리케이션을 통해 스마트폰만으로도 언제 어디서든 카드뉴스를 손쉽게 만들 수 있다. 이미지 속에 넣을 나만의 문장만 생각해 내면 끝이다.

서평을 카드뉴스로 만들 때의 장점이 있다. 나는 3가지 장점을 발견했다.

첫째, 내 서평을 다듬어 더 좋은 글을 만들 수 있다. 단순히 글로만 서평을 적을 때에는 보지 못했던 부분을 볼 수 있다. 한 장의 이미지 파일에 글을 적을 때는 좀 더 가독성 있게 만들고 싶어진다. 글의 내용을 다른 사람이 보기 편하고 이해하기 쉽게 하고자 글을 다시 본다. 이 과정에서 글쓰기 실력을 높일 수 있다. 노인과 바다로 유명한 미국의 작가 어니스트 헤밍웨이(Ernest Hemingway)는 이런 말을 남겼다.

'모든 초고는 쓰레기다.'

어떤 글이든 처음 쓴 글은 완벽하지 않다. 완벽한 글이란 세상에 있을 수 없지만, 완성도 높은 글은 퇴고를 통해 가능하다. 서평쓰기는 책 쓰기와 같이 난이도 높은 글쓰기는 아니지만 그 결은 같다. 자신이 쓴 서평을 다시 보고 생각하며 다듬다 보면 조금씩 나은 글이 된다. 다른 사람에게 좋은 정보를 전달해 보자는 간절한 마음으로 다듬어보자. 단어를 바꾸고, 문장 순서를 바꾸면서 글이 다듬어진다. 카드뉴스를 만들면서 가독성 있는 글을 만들고자 노력하다 보면 좋은 글과 만날 수 있다.

둘째, 자신만의 개성과 강점을 찾을 수 있다. 수많은 책 관련 콘텐츠 제작자들이 있다. 누구 하나 똑같은 스타일이 없다. 각자의 개성이 묻어있기 때문이다. 글로만 표현할 때는 개성을 찾기가 쉽지 않다. 글의 느낌은 각자 다르지만 한눈에 가시화되지 않기에 글로서 짧은 시간에 자신을 표현하는 것은 쉬운 일이 아니다. 사람들의 이목을 집중시키기에는 카드뉴스가 좋다. 자신의 개성과 색깔을 쉽게 표현할 수 있다.

저자가 가족사진을 직접 그린 그림으로 만든 카드뉴스

자신만의 느낌을 담은 카드뉴스를 만들면서 '나'라는 사람이 어떤 사람인지 알게 된다. 디자인에 소질이 있는지, 짧은 글에 강점이 있는지, 은유적 표현을 잘 쓰는지, 관련된 이미지를 잘 연결하는지 등 여러 감정을 느낄 수 있다. 그 과정에서 자신만의 강점을 찾아가게 되는 것이다.

카드뉴스를 잘 만들어 사람들의 관심을 끌 줄 아는 사람은 이를 수익화하기도 한다.

1년에 수 만권의 책이 출간된다. 그런 책들이 독자에게 읽히기 위해서는 책을 읽고 싶게 만들어야 한다. 카드뉴스는 책에 대한 소개를 할 때 가장 좋은 콘텐츠다. 카드뉴스를 잘 만드는 사람들에게는 출판사로부터 직접 연락이 온다. 책을 제공해 주고 서평을 요청한다. 이때 카드뉴스까지 제작 요청받고 제작비를 받기도 한다. 유명 제작자는 5개의 글에 수십만 원을 받기도 한다. 서평이 돈이 될 수도 있다. 개성과 강점이 수익화가 되는 세상이다.

저자가 제작한 책 소개 카드뉴스

세 번째, 책을 깊게 읽고 오래 간직할 수 있다. 책 한 권을 완독하고 나면 아쉬울 때가 책의 내용이 생각나지 않을 때다. 몇 시간 투자해서 열심히 읽은 책의 내용이 기억나지 않으면 억울해지기도 한다. 이때 글을 쓰고, 카드뉴스로 만들면 도움이 된다. 자신만의 카드뉴스는 누구도 만들 수 없는 글이면서 자산이 된다. 카드뉴스를 만들면서 생각한 제목, 글의 전개, 이미지, 글과 카드뉴스 배경 색깔은 책을 마음속 깊이 저장할 수 있게 해준다. 콘텐츠로 남김으로써 오랫동안 저장하고 공유할 수 있다. 다시 보고 싶을 때는 언제든 사진첩, SNS 계정에서 볼 수 있다. 잘 모은 카드뉴스는 좋은 글감으로 발전하여 한 편의 완전한 글 또는 책이 되기도 한다.

단순 읽는 독서에서 글을 쓰는 독서를 하자. 글을 썼다면 자신만의 것으로 만들기 위해 카드뉴스를 만들어보자. 카드뉴스를 만드는 과정에서 성장함을 느낄 수 있다. 그 과정에서 자신도 몰랐던 나만의 강점, 색깔과 만날 수도 있다. 독서 초보를 넘어 독서 고수가 되는 길은 멀리 있지 않다.

04

온전히 책에 집중할 수 있는 방법 : 새벽독서(The dawn)

대부분 사람은 저녁 시간을 이용해서 자기계발을 한다. 주간에는 직장, 학교를 오가며 시간을 보낸다. 그래서 나만의 시간은 대부분 저녁에 형성된다. 각자의 위치에서 일하고 공부를 하다 보면 저녁이 되어서는 많은 에너지를 소모한다. 효율성이 떨어진다. 같은 시간이라도 더 집중하고 효율적으로 쓸 수 있다면 좋을 것이다. 저녁보다 더 좋은 나만의 시간이 바로 새벽이다.

미라클모닝.

한 번쯤 들어봤을 단어일 것이다. 새벽 시간이 좋은 것은 경험해 보아야만 알 수 있다. 새벽이 좋은 이유, 미라클모닝이라고 불리는 이유는 맑은 정신 때문이다.

사람은 잠자는 동안 스스로 회복한다. 지쳤던 일상, 복잡했던 머릿속 생각들은 잠을 자면서 회복되고 정리된다. 그래서 막 일어났을 때가 하루 중 가장 머리가 맑다. 그 시간을 활용한다면 같은 시간이라도 더 효율적으로 사용할 수 있다. 그 시간을 독서와 함께 해보기를 권한다.

나는 온라인 독서모임의 리더로서 하나의 콘텐츠로 '새벽 독서'를 진행하고 있다. 소령이라는 계급과 위치는 많은 업무를 해야 한다. 퇴근을 하면 세 아들의 아빠로 산다. 나만의 시간을 확보하기가 쉽지 않다. 독서를 하고 싶은데 시간이 많지 않다. 아이들을 재우고 독서를 해보려 했다. 지친 몸으로 책이 읽히지 않았다. 아내와 맥주 한잔하며 대화를 나누면서 스트레스를 푸는 시간이 더 좋았다. 온전한 나만의 시간은 언제 가능할까. 답은 새벽이었다.

새벽은 고요하다. 일도 시작하지 않는다. 가족들도 모두 잠들어 있다. 그 시간을 이용해 보기로 했다.

새벽 독서 첫날, 5시부터 독서를 하기 위해 04:50분에 알람을 맞추고 일어났다. 피곤했다. 책상에 앉아서 책을 들고 졸았다. 괜한 결심을 했나 싶었다. 출근해서 점심을 먹고 나니 졸렸다. 책상에 머리를 대고 잠들었다. 새벽 시간을 활용하는 것은 내게 맞지 않나 싶었다. 그래도 시작했으니 3일은 넘겨보자고 마음먹었다.

3일이 지났다. 여전히 피곤했다. 하지만 온전히 책 읽기는 가능했다. 새벽은 그 누구도 날 방해하지 않는다는 것을 깨달았다.

책을 읽으며 꾸벅꾸벅 졸기보다는 몸을 움직여보기로 했다. 일어나자마자 운동화를 신고 밖으로 나가 달렸다. 20분 정도 달리고 나니 정신이 맑아졌다. 샤워하고 책을 읽었다. 30분 정도 책을 읽었는데 잡념 없이 책이 읽혔다. 그날부터 러닝 후 독서를 했다. 새벽에 일어나기 위해 회식 자리도 줄였다. 회식에 참여해도 술은 소량만 마시고 일찍 잠자리에 들었다.

3주 정도 지났을까. 알람을 맞추지 않아도 5시에 눈이 떠졌다. 내 몸이 새벽 기상에 적응한 것이다. 독하게 마음을 먹고 3주를 버텨내니 새벽에 일어나는 것이 자연스러워졌다. 이때부터는 새벽 시간을 내 마음대로 조절했다. 일어나서 명상하고 책을 읽고 달렸다.

명상 5분, 독서 20분, 달리기 20분, 샤워 10분.

새벽에 1시간 동안 많은 것을 하게 되었다. 누구도 나를 방해하지 않는 나만의 시간을 가졌다. 이런 루틴을 소화해도 6시밖에 되지 않았다. 출근 시간까지 1시간 이상 남았다. 독서 시간을 늘리고 그동안 미루어왔던 집안일도 하나씩 했다. 새벽의 2시간은 온전한 나만의 시간이 되었다. 주간에 4시간 그 이상의 효율을 느꼈다.

독서모임을 결성한 후 이 루틴을 독서모임 멤버들과 함께 해보기로 했다. 나와 같은 고민을 하는 군인들이 많았다. 책은 읽고 싶은데 시간이 생기지 않아 고민하던 분들이 하나둘 함께 했다. 피곤할 때도 있었지만 함께해 주는 사람들을 생각하며 매일 새벽에 일어났다. 처음에는 화상회의를 시작하고 책만 읽고 끝냈다. 그러다가 책에 대해 대화를 나누어보기로 했다. 책만 읽고 끝나면 남는 것이 없는 것 같았기 때문이다.

책을 읽은 후에는 반드시 내 생각을 추가해보는 것이 중요하다. 그리고 말로 해보고 글로 남기면 책은 마음속에 더 깊게 남게 된다. 그렇게 독서모임 멤버들과 새벽에 읽은 좋은 문장과 생각을 나누어보았다. 너무나 즐거운 시간이 되었다.

2023년의 마지막 새벽 독서를 하니 어느덧 222일 차가 되었다. 1년 가까이 이어온 새벽 독서를 통해 수많은 변화가 있었다. 이는 나만 느끼는 것이 아니었다. 함께 한 사람들에게 새벽 독서의 장점을 물으면 공통적으로 하는 말이 있다.

첫째, 짧은 시간이라도 책을 집중해서 읽을 수 있다. 그 누구의 방해 없이 책을 읽게 되니 잘 읽힌다는 것이다. 머릿속이 맑아서 책 내용이 잘 들어온다고 한다. 맑은 정신에 읽는 책과 지친 상태로 읽는 책은 다르다. 같은 내용이라도 깊이 남는 정도가 다르다. 효율적인 시간 사용이 가능하다.

둘째, 생각만 하고 실천하지 못했던 일들을 해내게 된다. 시간이 부족해서 미루었던 일들을 새벽을 이용해서 하나둘 실천했다고 한다. 개인 공부, 명상, 감사 일기 쓰기, 운동, 하루 일정 정리. 짧은 시간일지라도 조금씩 꾸준히 하니 막막했던 일들이 가능해졌다. 남들이 잠자고 있는 시간을 활용하면 생각만 하던 일을 해낼 수 있다.

셋째, 책에 대한 대화를 나누니 책 내용이 머릿속에 오래 남는다. 책을 읽고 대화해 보는 경험은 매우 중요하다. 사람들이 독서모임에 참여하는 가장 큰 이유이기도 하다. 책에 대한 생각을 나누다 보면 오랫동안 기억에 남길 수 있다. 말로 내뱉은 책 내용과 그에 대한 자신의 생각은 삶 속 실천으로 이어지는 데 도움을 준다. 무의식 속에 남아 행동으로 이어진다. 책을 읽어야 하는 가장 큰 이유 중 하나가 실천이며, 그것이 가능해지도록 돕는 것이 생각을 나누는 것이다.

독서하는 군인, 〈독하군〉
새벽독서모임 D+240

성공한 사람이나 잘 되는 사람들을 보면
'참 운이 좋다'라는 생각을 하게 될 때가 있습니다.

'나에게는 찾아오지 않는 운이 왜 그에게는 찾아올까'라고
고민을 하기도 하고, 질투를 하기도 합니다.

그러나 그 운의 결과는 그 사람이 걸어온
삶의 태도를 들여다보면 알게 될 것입니다.

운을 끌어당기는 것도 능력입니다.
운이 찾아올 수 있도록 준비된 삶을 살았기에
행운과 좋은 인연이 찾아오는 것이라 생각합니다.

좋은 사람의 옆에는 좋은 사람이 찾아옵니다.
이 역시도 본인이 좋은 사람이 되어 좋은 향기를 보냄으로써
자신을 도와줄 사람들을 끌어당기는 것이라 생각합니다.

삶의 목표를 정확히 설정하고 자신의 길을 꿋꿋하게
나아가다보면 분명 자신을 돕는 사람들이 나타나
생각하지도 못한 일들을 해내게 될 것입니다.

그런 좋은 향기를 세상에 보내는 사람이 되도록
노력하시고, 그런 사람이 되는 여러분이 되셨으면 합니다.

저에게는 함께 해주시는 모든 분들이 좋은 인연입니다 :)
힘찬 하루 보내세요. 감사합니다.^^
'24. 1. 24.(수)

온라인 군인 독서모임, 〈독하군 독서모임〉의 새벽독서

새벽을 경험해 보자. 처음은 쉽지 않다. '나는 새벽형 인간이 아니구나.'라는 마음으로 포기

하지 말자. 3주만 버텨보자. 다른 것들은 다 포기하고 새벽 시간을 이용해 보겠다는 마음만 가지고 실천해 보자. 3주 뒤 엄청난 변화가 찾아온다. 그때부터는 삶이 달라진다. 삶의 에너지가 달라져서 모든 일이 잘 풀린다. 그 기간을 버티지 못하는 이들이 너무나 많다. 성공한 사람들의 공통점 중 하나가 새벽을 활용한다는 것이다. 수많은 자기계발서, 성장과 관련된 책에 나와 있다. 삶에 변화가 없는 것은 그 기간을 버티지 못하기 때문이다.

새벽 시간에 독서를 해보자. 힘들어도 참고 일어나서 꾸준히 책을 읽어보자. 처음부터 책이 머릿속에 온전히 들어올 것이라는 생각은 버리자. 그냥 읽어보자. 새벽에 일어나서 내 손에 스마트폰을 쥐지 말고 책을 들어보자. 어느 순간 찾아올 변화를 믿고 읽자. 남들이 불가능할 것으로 생각했던 일들을 해내는 당신과 만날 것이다. 혼자 하기 힘들다면 함께 하자. 당신을 위해 매일 새벽 5시에 눈을 뜨고 기다리고 있겠다. 직업, 성별, 나이와 상관없이 함께할 수 있다. 새벽 독서에서 만나자.

안 되면 함께 하라! 함께하면 행복하다! : 오프라인 독서 모임 만들기(Happy)

독서를 하는 방법 중 가장 좋은 방법은 다른 사람과 함께 하는 것이다. 책을 읽고 생각하고 글을 쓰는 것도 좋지만, 책의 내용을 다른 사람과 이야기하고 서로의 생각을 공유하는 것은 훨씬 좋은 효과가 있다. 그 효과를 알게 되면 꼭 찾게 되는 것이 독서모임이다. 같은 책을 읽어도 모두 각자 다른 생각을 하게 된다. 때로는 같은 문장에서 같은 감동을 느끼는 상대를 만나면 반갑고 즐겁다. 독서모임에 참여하지 않고서는 알 수 없는 느낌이다.

2016년, 책을 읽으며 독서모임을 갈망했다. 읽은 책을 어떻게든 내 것으로 만들고 싶었다. 오랜 시간 투자해서 읽은 책이 머릿속에서 휘발되지 않기를 간절히 바랐다. 하지만 당시 내 상황은 녹록지 않았다. 해안중대장이라는 직책에서 약 200명 가까이 되는 병력을 지휘하며 해안을 지켜야 했다. 밤낮이 바뀌는 삶을 살아야 했다. 하루가 어떻게 지나갔는지 모를 정도로 빠르게 흘러갔다. 그런데도 놓지 않았던 것이 책이다. 힘든 상황일수록 책 읽는 시간이 소중했다. 이 소중한 시간, 책 속 지식을 마음속 깊이 간직하고 싶었다. 독서모임을 하며 책에 대해 이야기를 나누는 것은 어떤 느낌일까, 어떤 생각과 대화가 오갈지 궁금했다. 24시간 부대에서 먹고 자는 중대장이었기에 부대 밖에서의 독서모임은 꿈도 꿀 수 없었다.

그러다 문득 이런 생각이 들었다.

'밖으로 나갈 수 없다면 부대에서 독서모임을 만들어보자!'

독서모임에 대한 경험과 지식이 전혀 없었다. 그리하여 독서모임 운영에 대해서 공부해야겠다고 마음먹었다. 독서모임 관련 책을 여러 권 주문했다. 5권 정도 읽어보니 공통점이 보였다. 또한 독서모임의 성격이 모두 다르기에 정답이 없었다. 일정한 진행 순서만 구축하면 어렵지 않을 것 같았다. 중요한 것은 함께 할 사람을 찾는 것이었다.

중대 간부들에게 내 독서 노트를 인트라넷 메일로 보냈다. 반응이 없었다. 경계작전으로 바쁜 것을 알고 있었기에 독서를 강요할 수도 없었다. 지휘 관계에 있는 간부들이 나와 책에 대해 이야기하기도 부담스러웠으리라. 그러던 어느 날, 중대 본부의 한 용사가 찾아왔다.

"중대장님, 행정보급관님께 보낸 독서 노트를 우연히 보았습니다. 저도 기회가 되면 중대장님과 함께 책을 읽어보고 싶습니다."

그 순간, '바로 이거다!'라는 생각이 들었다.

"석환아, 그러면 우리 둘이서 독서모임 만들어보면 어떨까?"
"오! 좋습니다. 중대장님."

두 명이 시작했던 독서모임

그렇게 우리 둘만의 독서모임을 만들었다. 처음 독서모임에서 무슨 이야기를 나누면 좋을까부터 고민을 했다. 당시 나는 글쓰기에 재미를 느꼈고 관심이 생겼다. 석환이도 글쓰기에 관심이 있어 글쓰기를 주제로 정했다. 그렇게 정한 첫 책은 나탈리 골드버그의 《뼛속까지 내려가서 써라》로 정했다. 인터넷에서 글쓰기에 대해 좋은 책이라는 추천을 받아 선정했다.

첫 독서모임이 있던 날, 책을 들고 중대장실에 나와 석환이가 앉았다. 중대장과 용사라는 관계에서 벗어나 사람과 사람으로 만나 대화를 나누자고 약속했다. 다른 용사들보다 어른스럽고 성격도 밝았던 석환이와 자연스럽게 대화를 나누었다. 나 역시 부하를 대하는 마음이 아닌 동생이면서 독서 동반자라는 마음으로 대화를 이어갔다.

책의 전체적인 내용과 느낌을 나누어보았다. 책 속에서 좋았던 문장, 밑줄 치고 자신의 생각까지 적어본 문장, 글쓰기에 대한 내 생각을 이야기했다. 책을 읽고 누군가와 오랜 시간 대화를 나누는 것이 처음이었다. 그 시간이 너무나 빠르게 지나갔다. 약 1시간 정도 대화를 나누었다. 시간이 어떻게 지나갔는지도 모르게 흘러갔다. 책에서 좋았던 문장과 내 생각을 말로 꺼내보니 머릿속에 각인이 되는 기분이었다. 석환이의 이야기를 듣고 있으니 내가 생각하지 못했던 생각을 말해주어 깜짝 놀라기도 했다. 그동안 부하로만 생각하고 어리다고만 여겼던 석환이가 달리 보였다. '내가 지금껏 부하들을 계급으로만 판단했었구나.'라는 것을 깨달았다.

둘만의 첫 독서모임이 끝난 후 홀로 남아 생각하며 독서모임을 정리했다. 대화에서 나온 좋은 생각들은 또 하나의 글이 되었다.

그렇게 둘만의 독서모임을 몇 주간 이어갔다. 해안경계작전부대로서의 임무가 종료되고 내륙으로 철수를 했다. 밤낮이 바뀌는 삶에서 벗어나자 독서모임에 변화가 일어났다. 소문을 듣고 찾아

5명이 된 독서모임

오는 용사들이 생겼다. 계급도 저마다 달랐다. 몇 주가 지나자 독서모임은 5명이 되었다. 책을 읽고 생각을 나누고자 하는 마음을 가진 용사들이 많았음을 알게 되었다.

5명의 생각은 저마다 달랐다. 생각의 방향도 달랐다. 독서모임 속에서 우리는 서로의 이야기를 온전히 경청해주었다. 독서모임은 서로의 이야기를 들어주는 것이 중요하다. 비난하지 않고 다른 사람의 생각을 온전히 수용해 주어야 한다. 독서모임을 통해 나와 다른 생각을 수용하는 마음, 경청의 자세, 핵심 내용을 시간 내에 요약해

서 말하는 방법을 자연스럽게 익히게 되었다.

　이때 만든 독서모임 이름이 바로 〈독하군 독서모임〉이다. 6개월간 무려 16번이나 진행했다. 그 인연은 전역 이후에도 이어졌다. 코로나 19의 창궐로 발달한 화상회의 시스템을 활용해 온라인 독서모임으로도 이어졌다. 이것이 내가 현재 하고 있는 전국 곳곳의 군인들과 함께 하는 온라인 독서모임 〈독하군 독서모임〉의 시발점이 되었다.

온라인 화상회의를 통해 다시 모인 〈독하군 독서모임〉

독서를 한다면 독서모임을 반드시 경험해 보자. 혼자 읽는 것과 함께 읽는 것에는 엄청난 차이가 있다. 다른 사람의 이야기를 듣는 것만으로도 좋다. 내 생각을 다른 사람에게 말해보면 그것은 듣기만 하는 것보다 10배는 좋은 효과가 있다. 책을 온전히 내 것으로 만들 수 있게 된다.

독서모임을 만드는 것 또한 어렵지 않다. 거창한 독서모임을 생각하지 말고, 내 옆 사람과 단둘이서라도 책을 읽고 이야기 나누면 그게 독서모임이다. 가볍게 시작해 보자. 책이라는 주제에서 많이 벗어나지 않으려고 노력하다 보면 탄탄한 독서모임이 만들어진다. 일단 시작해 보고, 독서모임의 이름을 정하면 독서모임의 성격이 만들어진다. 책이라는 매개체만 있으면 가능하다.

내 주변에 함께 책을 읽고 싶은 사람을 찾아보자. 일정한 시간을 정해 책을 읽고 이야기를 나누어보자. 그동안 경험해 보지 못한 즐거운 경험, 성장하는 체험을 하게 될 것이다. 누구나 독서모임을 만들 수 있다. 깊이 있는 독서를 원한다면 독서모임을 만들어보자.

06
전국 모두가 가능한 독서모임 : 온라인 북클럽(Everyone)

"좋은 아침입니다. 오늘도 새벽 독서에 참여해 주셔서 대단히 감사합니다."

매일 새벽 05:40분.

우리 집, 내 책상에서 들리는 소리다. 온라인 독서모임의 시작을 알리는 멘트다. 이 멘트를 외치는 주인공은 바로 나다.

얼굴도 본 적 없는 이들과 온라인 화상회의로 만난다. 5시가 되면 나는 화상회의 참여 링크를 생성한다. 채팅방을 통해 이 링크를 전달한다. 마음이 조마조마하다. 아무도 참여하지 않으면 어쩌나 하고 내심 걱정을 하기도 한다. 하지만 단 하루도 나 홀로 새벽 독서를 한 적은 없다. 2명이 되더라도 반드시 함께 하는 이들이 있다. 너무나 감사한 일이다.

새벽 독서 모임

40분간 화상회의를 켜고 각자 독서를 한다. 05:40분이 되면 내 시작 멘트와 함께 각자 읽은 책에 대한 생각을 나누는 시간을 갖는다. 인원이 많든 적든 반드시 20분을 지키려고 노력한다. 6시가 되면 종료 멘트와 함께 인증샷을 찍는다. 자신이 읽은 책을 화면에 보이며 인증샷 촬영 후 새벽 독서는 끝이 난다.

약 1년의 시간, 280일간 주말과 공휴일을 제외하고 나는 새벽 독서를 거르지 않았다. 그것이 가능했던 것은 함께해 주는 이들이 있었기 때문이다. 새벽 독서 초창기에는 새벽 5시에 일어나는 것이 너무나 힘들었다. 일도 해야 하고 때로는 회식을 해야만 했다. 시간에 맞춰 못 일어나기도 했지만 다행히 함께해 주시는 분들이 모닝콜을 해주었다. 덕분에 초반에 기상 습관 형성이 가능했다. 혼자 했다면 불가능했을 일이다. 새벽 시간에 누군가와 대화를 할 수 있다는 것은 온라인이 아니면 불가능한 일이다. 내가 온라인 독서모임을 만든 이유다.

군인이라는 직업의 특성과 세 아이의 아빠이자 가장이기에 다른 사람들과의 별도의 시간을 만드는 것은 어려운 일이다. 책을 깊게 읽고 싶었던 나는 독서모임에 목말랐다. 부대 내에서 만들어 운용했던 독서모임에서 너무 많은 것을 배웠다. 책에 관해 이야기할 수 있는 시간이 그리웠다. 그러다 코로나 19가 발발했다. 그리고 온라인 화상회의가 활성화되었다. 독서모임도 변화의 물결이 일었다. 대화를 나누어야 하는 독서모임은 새로운 방식의 만남을 금세 받아들였다. 온라인 독서모임이 활성화되었다.

SNS를 통해 온라인 독서모임을 찾아 나섰다. 많은 독서모임이 있었다. 기뻤다. 선택의 폭이 넓다 보니 내게 맞는 독서모임을 고를 수 있었다. 아내의 허락을 받고 독서모임에 참여할 수 있었다. 약 3달 동안, 한 달에 2번씩 총 6번을 화상으로 만나 대화를 나눴다. 3개월 뒤 독서모임 1기가 종료되고 새롭게 2기를 모집했다. 다시 아내에게 허락을 구해보았다. 아내가 말했다.

"여보, 애들이랑 있는 시간에 화상회의를 하면 애들은 나 혼자 돌봐야 하잖아."

할 말이 없었다. 3달이라는 시간을 준 것에 감사하며 마음을 접었다.

1년이 흘렀다. 2023년 1월 새해 아침, SNS에 군인들을 대상으로 하는 온라인 독서모임 모집 글을 보게 되었다. 가슴 설레는 새해 아침이었다. 아내에게 묻지도 않고 참여 신청을 했다. 군인들과 함께 독서모임을 할 수 있다니 너무나 기뻤다. 상상만 했던 일을 실천하는 군인이 있어 존경스러웠다.

이 독서모임에서 여러 가지를 느끼고 배웠다. 독서하는 모습을 영상으로 찍어 SNS에 인증했다. 스마트폰을 만질 수 없는 환경설정이 되었다. 영상을 찍고 있자니 괜히 의식이 되고 몰입할 수 있었다. 독서에 대한 열정을 가진 군인들이 생각보다 많음을 알게 되었다. 1기 독서모임은 3개월간 진행이 되었다. 한 달에 1번 화상회의도 진행하며 책에 대해 나누는 시간을 갖기도 했다. 이 시간을 아내는 마지못해 허락해 주었다. 내 열정에 두 손을 든 것이다. 2달여간의 시간이 지나던 어느 날, 내 안에서 또 다른 열정이 피어올랐다.

'그래. 나에게 맞는 독서모임을 만들어보자!'

아내에게 제의했다. 함께 육아하고 집안일을 하는 데 제한이 없는 시간대에 운영되는 독서모임을 만들어보겠노라고. 아내는 불가능할 것이라고 말했다. 할 수 있으면 해보라고 했다.

오랜만에 가슴 뛰는 일과 만났다. 바로 행동으로 옮겼다. SNS에 독서모임 모집 글을 올렸다. 계획도 없었다. 일단 사람부터 모아보자 생각했다. 나와 같은 환경에 있는 군인들이 많이 모이기를 바랐다. 단 한 명이라도 있다면 함께 해보고 싶었다. 하루 만에 10

명이 모였다. 놀라운 일이었다. 독서에 대한 갈망하는 군인들이 있음에 놀랐고 감사했다.

사람들을 모아놓고 보니 독서모임 방식이 필요했다. 지난 몇 년간 실천해온 나만의 독서법을 되돌아보았다. 이 책에서 설명한 독서 초보를 위한 독서법들이 하나씩 떠올랐다. 그 방법을 활용해 보기로 했다.

'독서 초보 대환영'이라는 타이틀을 추가해서 모집 글을 다시 올렸다. 20명이 모였다. 일면식도 없는 군인들이 모였다. 책임감이 생겼다. 채팅방에 독서의 시작 단계부터 하면 좋은 방법들을 안내하겠노라고 알렸다. 그리고 하나씩 실천해나갔다. 책을 읽지 않았던 이들에게 자극을 주고 습관을 만들어주려고 노력했다.

독서모임을 운영하다 보니 여러 가지 콘텐츠가 떠올랐다. SNS를 보니 저자와의 '북토크'가 많았다. 해보고 싶었다. 우선 현실적으로 만남이 가능한 저자를 찾았다. 마침 친구의 동생이 책도 쓰고 독서와 관련된 일을 오랫동안 하고 있었다. '독서문화기획자'라는 이름으로 활동 중인 독서전문가, 권인걸 대표였다. 그를 만나 독서모임에 관해 이야기했다. 조언과 함께 흥미롭게 이야기를 해주고 독서모임 노하우도 알려주었다. 그 자리에서 바로 제의를 했다. 내 독서모임의 첫 번째 '북토크'를 부탁했다. 흔쾌히 승낙해 주었다. 독서모임의 또 다른 콘텐츠가 생기는 날이었다. 그날 이후 월 1회 북토크를 진행 중이다. 동생의 응원이 나에게 저자들을 찾아갈 수

독서문화기획자와 함께 하는

새벽독서와 함께 하며
성장하는 군인들을 위한

북토크

"어떤 책을 어떻게 읽으면 좋을까?"

권인걸 작가

독서 커뮤니티 〈우리의 대화 대표〉
책과 사람, 사람과 사람을 잇는
지적 대화의 장을 만든다.
저서 〈이 책으로 어떤 대화를 나누게 될까?〉

일 정 : 23. 3. 12. (일) 06:00 ~ 07:00
방 법 : 온라인, 화상회의 줌(ZOOM) 활용
대 상 : 현역 군인, 사관생도, 사관 후보생, 기타(희망자)
참가비 : 없음 (새벽을 책과 함께 할 마음만 준비하면 끝!)

권인걸 작가와의 북토크

있는 용기를 불어넣어 주었다.

내가 운용하는 독서모임의 이름은 〈독하군 독서모임〉이다. '독서하는 군인'을 줄여 만든 나만의 브랜딩 명칭이기도 하다. 총 4가지 콘텐츠로 운용 중이다.

1. 책 속 좋은 문장을 사진으로 남기기 : 책 속 문장은 SNS 게시용 사진으로 만들어 선물 제공
2. 한 달에 1번 책 읽고 온라인 독서모임 : 일반적인 독서모임

방식

3. 저자 강연회 : 월 1회를 목표로 저자를 섭외하고 일요일 새벽 6시 또는 평일 저녁 8시에 진행

4. 새벽 독서 : 평일 05:00~06:00 시 운용(휴일, 공휴일 제외) / 일반인도 참여 가능

5. 보물지도 만들기 프로젝트 : 자신의 꿈을 가시화하는 '보물지도'를 만들고, 꿈을 이뤄가는 과정을 공유하고 응원해주기

앞으로 더 많은 콘텐츠를 만들고자 한다. 더 많은 군인들과 함께 성장할 수 있는 커뮤니티가 되고자 노력할 것이다. 온라인이 주는 장점을 최대한 활용하여 다양한 군인들과 만나고자 한다.

새벽 독서에는 일반인들도 참여한다. 이는 군인들이 군인이 아닌 일반인들의 이야기를 들을 좋은 기회다. 또한, 일반인들에게 군

독서모임 콘텐츠 중 하나인 〈보물지도 만들기〉

온라인 군인 독서모임 〈독하군 독서모임〉 로고

인들의 열정을 보여주어 군에 대해 좋은 이미지를 만들 수도 있다. 이런 독서모임이 많아졌으면 한다. 더 많은 군인들이 각자의 스타일로 독서모임을 만들기를 바란다.

온라인 독서모임은 우리 주변에 많이 있다. 반드시 경험해 보기를 바란다. 오프라인에서의 독서모임이 제한되는 분들이라면 반드시 추천한다. 시간과 장소에 구애받지 않을 수 있다는 것이 가장 큰 장점이다. 원한다면 나와 함께 해도 좋다. 이 책을 읽고 있는 분이라면 누구나 환영이다. 참여를 통해 노하우가 생긴다면, 자신만의 독서모임을 만들어보자. 독서모임에는 정답이 없기에 자신만의 방식으로 누구든 만들 수 있다. 인원수가 중요한 것이 아니다. 단둘이라도 대화를 나눌 수 있다면 독서모임은 가능하다.

당신이 원한다면 언제든 함께할 수 있는 문을 열어놓겠다. 〈독하군 독서모임〉이다. 온라인에서 여러분과 만나기를 기대한다.

07
말하는 독서 : 책 리뷰 영상 제작(Review)

자신이 알게 된 지식을 말로 표현해 본 적이 있는가? 머릿속에 지식을 넣는 것은 쉬운 일이다. 듣고 느끼기만 하면 된다. 그러나 그 지식을 내 입으로 표현하기는 쉽지 않다. 알고 있는 것과 표현하는 것은 다르기 때문이다. 우리가 평생 영어 공부를 하면서도 말한마디 하지 못하는 것이 그 예이다. 토익점수는 좋은데 영어회화는 못 하는 것. 바로 내가 아는 것을 말로 표현하지 않아서이다.

독서를 깊게 하는 좋은 방법의 하나가 말로 표현해 보는 것이다. 독서모임은 그런 이유에서 좋다. 책으로 느낀 생각을 다른 이에게 표현할 수 있는 환경설정이 독서모임이기 때문이다. 다른 사람에게 책에 대해 이야기하면, 말함과 동시에 나의 지식이 된다. 단순 책 속 글을 읽을 때와는 또 다른 경험이다.

그러나 바쁜 일상을 살다 보면 독서모임 참여가 쉽지 않다. 누

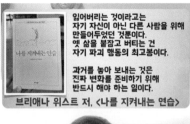

누구나 마음에 좋아하는 책 하나를 간직하고 있지 않은가.

자신만의 책에 눈짓을 보내기를 바란다. 한동안 그렇게 머물러주었으면 한다.

자신의 마음을 오롯이 터놓고, 서로의 꽃이 되어준다면 좋겠다.

최영웅 외 10명 저, <독서로 나를 디자인하라>

잃어버리는 것이라고는 자기 자신이 아닌 다른 사람을 위해 만들어두었던 것뿐이다. 옛 삶을 불잡고 버티는 건 자기 파괴 행동의 최고봉이다.

과거를 놓아 보내는 것은 진짜 변화를 준비하기 위해 반드시 해야 하는 일이다.

브리애나 위스트 저, <나를 지켜내는 연습>

새벽독서 180일차

저자가 SNS 올린 책 리뷰 영상

군가와 책에 대해 이야기 나누는 것에도 익숙하지 않은 사람이라면 독서모임은 부담이 될 수 있다. 주변 사람과 책 이야기를 해본 경험이 적다면 책에 대한 대화는 부끄럽기도 하다. 그럴 때는 혼자 책에 대해 이야기해 보자. 그것이 바로 '책 소개 영상 제작'이다.

스마트폰으로 내 모습을 영상으로 찍던 첫날, 너무 어색했다. 말이 잘 나오지 않았다. 책 속 한 문장을 읽고 내 생각 한 줄을 덧붙이는 데도 식은땀이 났다. 늘 주머니와 손에 들려있던 스마트폰이 멀게만 느껴졌다. 나 홀로 있는 공간임에도 어색함에 몸부림쳤다. 영상을 찍다가 정지 버튼을 수차례 눌러댔다.

자연스럽게 말하기 위해 책 속 문장에 줄을 긋고 그 아래 내 생각을 적었다. 그 글들을 읽으며 영상을 촬영해 보았다. 작은 변화였지만 효과가 있었다. 나름 준비된 대본이 있으니 끊김 없이 말이 이어졌다. 그런데도 목소리에는 여전히 자신감이 없었다. 처음은 늘 어색하고 불편하다. 장소를 달리해보고, 노트북에 글을 옮겨 적고 읽어보며 나만의 방법을 찾았다.

며칠 지나니 조금씩 익숙해졌다. 영상 속에 내 모습을 보는 것이 익숙해지면서 자신감도 생겼다. 책 속 문장만 읽다가 책 전체를 소개하는 단계까지 이르렀다. 제목, 저자, 책의 목차, 책 속에서 느낀 생각, 가장 좋았던 문장 등으로 시간을 늘려가며 촬영을 했다. 그렇게 시간이 지나니 5분 이상 촬영을 하는 데도 무리가 없었다. 이제는 자연스럽게 책에 대해 소개할 수 있게 되었다.

책 소개 영상을 찍다 보니 책에 대한 이야기를 나누는 것이 익숙해졌다. 어느 날 부대에서 후배가 나에게 책에 대해 물어왔다.

"과장님, 얼마 전 보시던 책이 있던데 어떤 내용입니까?"

예전 같았으면 대충 얼버무리고 말았을 텐데 그날은 달랐다.

"응. 이 책은 《여덟 단어》라는 책이야. 저자는 박웅현 작가인데 원래 직업은 광고인이시면서 회사의 대표를 맡고 계셔. 그분은 인문학에 대해 많은 공부를 하시고 강연도 나가신다더라고. 강연을 하면서 8번의 강연을 하고, 강연마다 한 가지 단어로 강연 주제를 정해서 말씀하셨던 내용이 이 책이 되었어.

이 책의 목차는 ……(생략) 이렇게 돼. 그중에서 내가 가장 좋아하는 부분인 이 챕터야. 내가 감명 깊게 읽었던 문장을 하나 알려줄게."

내가 얼마 전 영상을 찍었을 때 나왔던 말들이 술술 나왔다. 막힘없이 책을 설명하는 내 모습에 나도 놀랐다. 부하는 더 놀랐다.

"선배님. 어떻게 그 내용을 다 기억하십니까? 제가 책을 한번 본 것 같습니다. 저도 그 책 꼭 읽어보겠습니다. 감사합니다."

혼자서 책 영상을 찍어본 경험이 일상에서 적용될 수 있다는 것에 놀랐다. 그 이후로도 나는 다른 사람들에게 몇 차례 책에 대해 설명을 해주는 경험을 했다. 이야기를 듣는 사람들 모두 책에 대해 흥미를 느끼고 책을 구매해서 읽었다. 그리고 자연스럽게 그들을 만날 때마다 책에 대해 생각을 나누었다. 내가 좋았던 부분을 상대방도 좋았다며 이야기를 하게 될 때는 대화의 깊이가 달라졌다. 일상 속에서 책에 대해 이야기하는 시간이 늘어났다.

스마트폰 앞에서 부끄러웠던 순간들을 참고 견뎌냈더니 놀라운 변화가 생겼다. 책 읽기만 했더라면 일어날 수 없는 변화였을 것이다. 영상을 찍기 위해 책 속 문장을 다시 보고 옮겨 적고 정리하는 과정에서 나도 모르는 성장을 하고 있었던 것이다. 그 성장은 눈에 보이지 않지만 조금씩, 천천히 나를 변화시켜주고 있었다. 자, 이제 여러분 차례다. 아래의 방법으로 책 소개 영상 촬영을 시작해 보자.

책 소개 영상 단계

1단계 : 책을 읽는다.
2단계 : 책 속에서 좋은 문장을 하나 선정한다.
3단계 : 영상을 촬영할 장소를 찾는다.
4단계 : 책 속 좋은 문장과 그에 대한 내 생각을 간단히 말해본다.
5단계 : 영상을 다시 본다. 스스로 피드백을 해본다.
6단계 : 부족한 부분을 보완하여 재촬영해 본다.
7단계 : SNS에 업로드해서 반응을 본다. 가능하다면 주변 사람에게 피드백을 받아본다.

이 단계를 반복하면 당신도 어느 순간 책 소개를 하는 콘텐츠 제작자가 되어 있을 것이다. 책에 대해 말하는 데 자신감이 생긴다. 일상 속 대화에서도 자신감이 생긴다. 논리정연한 말하기가 가능해질 것이다. 의심하지 말고 시작해 보자. 독서 고수로 나아가는 지름길이다. 이것이 스마트폰을 스마트하게 쓰는 방법이다. 오늘부터 시작해 보자. 처음이 어색할 뿐이다. 용기를 내보자.

08

책의 지식을 조직화하여 삶에 적용하기 : 읽고 멈추고 실천하는 독서(Organize)

"백문(百聞)이 불여일견(不如一見)이다."

인생을 살면서 한 번쯤 들어봤을 고사성어일 것이다. '100번 듣는 것보다 한번 보는 것이 낫다.'라는 뜻이다. 이 말을 들으면 독서가 생각난다. 나는 이 말을 조금 바꾸어 표현해 봤다.

"백독(百讀)이 불여일행(不如一行)이다."

'백 번 읽는 것보다 한번 행동하는 것이 낫다.'고 해석할 수 있다. 100권의 책을 읽는 것보다 책의 내용을 삶에서 한 번 실천하는 것이 진정한 독서다. 처음 책을 읽을 때는 완독에 대한 강박관념이

생긴다. 책 한 권을 잡으면 마지막 페이지가 나올 때까지 읽어야만
한다는 생각. 그 강박관념을 버려야 한다. 책 1권을 읽고 책의 내
용 전부를 기억할 수 없다. 이 세상 누구도 불가능하다. 책 속에서
나에게 영감을 준 한 문장을 만나고, 그것을 실천하려고 노력하자.
진짜 독서는 실천에 있다. 삶에 적용하는 독서를 해야 한다.

책을 읽는 이유는 무엇일까. 단순히 지식을 얻기 위해서인가.
절대 아니다. 책 속 지식을 삶에 적용하고 삶에 변화를 만들기 위
함이 책을 읽는 이유가 되어야 한다. 지식만 쌓고 실천이 없는 이
는 '헛똑똑이'다. 《나는 죽을 때까지 지적이고 싶다》의 저자 양원근
대표는 그런 이들을 '교양 속물'이라 표현했다. 책 속에서 얻은 지
식은 반드시 삶에 적용되어야 한다. 지식을 지혜로 만드는 과정은
책에서 읽은 내용을 삶 속에서 실천하는 것이다. 책 속에서 가슴
뛰는 문장, 뒤통수를 한 대 맞은 것 같은 문장을 만나면 마음속에
만 묻어두지 말자. 즉시 삶에 적용해 보자. 그 실천 하나는 책 1권
을 다 읽은 것 이상의 효과다.

사람들이 내게 많이 하는 질문이 있다.

"한 달에 책을 몇 권이나 읽으세요?"

이 질문에 대한 내 답변은 매번 다르다. 1권일 때도 있고, 10권
일 때도 있다. 그 이유는 바로 책을 읽은 후의 실천 때문이다. 책을

읽으면서 감명을 받아 밑줄을 많이 치는 책이 있다. 그런 책은 한 달, 그 이상을 붙잡고 읽는다. 밑줄을 긋고 잠시 멈추어 생각한다. 삶 속에서 어떻게 적용해 볼까를 고민하다 보면 책 읽는 시간보다 사색의 시간이 길어진다.

오래 멈추게 해주는 책이 좋다. 많은 생각을 해주는 책을 만나면 나 자신과 대화할 시간이 많아진다. 그 시간 속에서 진짜 성장이 이루어진다. 한 달에 10권을 읽을 경우는 단순 지식만 얻을 때이다. 읽다가 나와 맞지 않는 책, 밑줄이 쳐지지 않는 책, 생각하도록 이끌어주지 않는 책은 과감히 집어 던진다. 끝까지 붙들고 완독하려 하지 않는다. 그러다 보면 한 달 동안 10권의 책과 만나기도 한다.

모든 책이 당신에게 도움이 되지는 않는다. 다른 사람에게 좋은 책이 당신에게 좋은 책이 아닐 수 있다. 좋은 책은 멈추게 해주는 책이다. 멈추고 생각하고 사색해서 삶 속 실천을 이끌어주는 책을 만나려고 노력하자. 나와 맞는 책을 만나 한 가지라도 삶에 적용해 보자.

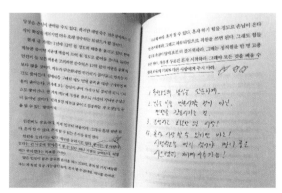

저자가 밑줄 긋고 사색하며
생각을 적어나간 읽은 책

독서 초보 시절의 이야기다. 책을 많이 읽는다는 이른바 '다독가'를 만난 적이 있다. 태어나 읽은 책이 1,000권이 넘는다고 했다. 책 제목을 말하면 저자의 이름과 줄거리를 술술 말했다. 책 제목만 듣고도 막힘없이 책 이야기를 해주는 것이 멋있었다. 그를 따라가기 위해 노력해야겠다고 생각했다.

다독가를 만난 후 욕심이 생겨 빠르게 독서를 했다. 책을 다 읽기도 전에 마음이 급해 또 다른 책을 사서 옆에 두며 독서를 했다. 3개월 정도 지난 어느 날, 우연히 한 어르신을 만났다. 너덜너덜해진 책을 들고 계셨다. 호기심을 참지 못하고 그분께 책에 대해 여쭤보았다. 1년 동안 책 1권의 책만 읽으셨다고 했다. 왜 더 다양한 지식을 찾지 않고 한 권만 읽으시는지 이해가 되지 않았다. 그분이 읽고 있는 책은 데일 카네기의 《인간관계론》이었다. 그 책을 1년 동안 10번을 보셨다고 했다. 이유가 궁금했다.

"책을 읽고 삶에서 적용해 보니 나를 도와주는 사람들이 많아지더라고."

그분은 책에서 읽은 내용을 삶에 적용하며 살고 계셨다. 만나는 사람들에게 미소로 인사를 건네고, 늘 이름을 불러준다고 하셨다. 가족관계를 기억하고 가족들의 안부를 물으셨다고 한다. 간단한 실천이지만 망각할 때가 있어 다시 책을 읽고 적용하셨다. 주변에 사람들이 많아지셨다고 한다. 지지해 주는 이들이 많아지니 일도 잘 되었다고 하셨다. 머리를 한 대 얻어맞은 기분이었다. 다독을 위해 달려왔던 내가 부끄러웠다. 책 몇 권을 읽고 아는 체하며 주변 사람들에게 독서를 권했던 내 모습을 반성했다.

데일 카네기의 《인간관계론》을 읽으면 어떤 이들은 '다 아는 뻔한 내용이네.'라고 넘어갈 수도 있다. 그들에게 되물어보라. 《인간관계론》을 읽고 삶에서 실천해 보았는지. 실천하지 않고 안다고 말하는 것을 주의해야 한다. 진정으로 '안다는 것'은 삶에 적용해 보고 깨달았을 때 말할 수 있는 것이다. 책을 곱씹으면서 매일 적용하셨던 그 어르신에게 큰 배움을 얻었다. 그분은 10번이나 읽었지만, 그 책에 대해 다 안다고 말씀하시지 않았다. 매번 새로운 것을 배운다고 하셨다. 그분이 실천한 독서가 진짜 독서라 생각되었다. 내 독서법에도 큰 변화를 주었다.

그날 이후 나는 천천히, 그리고 반드시 삶 속에서 적용하는 독서를 하려고 노력했다. 3년이라는 시간이 흘렀다. 다독가를 다시 만나게 되었다. 3년 동안 500권의 책을 읽었다고 자랑했다. 그에게 첫 만남과는 다른 질문을 던져보았다.

"500권 읽고 삶에 적용해서 달라진 경험이 있으셨나요?"

책 내용을 술술 말하던 입이 멈추었다. 곰곰이 생각했지만 쉽게 답이 떠오르지 않는 눈치였다. 겨우 입에서 뗀 말은 독서모임에서 좋은 책이라고 책 내용을 말해주었다는 것이었다. 그의 모습은 3년 전의 모습과 달라지지 않았다. 제자리에 머물러 있었다. 더 이상 그가 부럽지 않았다.

독서의 최종 목적은 삶에 적용하고 삶이 변화되는 것이다. 한 줄의 좋은 문장을 만났다면 잠시 멈추어 생각해 보자. 내 삶에 어떻게 적용할지를 고민하고 실천해 보자. 실천으로 옮겨서 삶이 변화되었다면 이미 그 책은 다 읽은 것과 매한가지다. 책을 완독하고 책 내용을 기억하는 것보다는 1가지라도 실천해서 나만의 이야기를 말하는 것이 진정한 독서다.

독서에 관해 이야기하는 책들을 읽고 느낀 공통점은 단연 실천을 강조하는 것이었다. 수많은 책을 읽어보아도 실천 없는 독서에 관해 이야기하는 책은 본 적이 없다. 장담컨대 과거, 오늘날, 그리고 미래에 나올 독서법 관련 책 중 실천을 강조하지 않는 책은 없을 것이다. 이 책을 통해 말하고 싶은 단 한 가지를 꼽자면 바로 실천이다. 실천 없는 독서는 진정한 독서가 아니다.

읽고 생각하고 실천하자. 책 속의 내용을 삶에 적용해 보고 나만의 지혜를 만들자. 나만의 지혜를 세상과 나누자. 독서가가 되는 길은 실천이다. 첫 번째도 실천, 두 번째도 실천, 세 번째도 실천이다.

5장

독서가 주는 삶의 변화,
히어로 이펙트(HERO effect)

누구에게나 인생에서 좌절의 순간은 찾아온다. 그렇지 않은 사람은 없다. 그럴 때마다 희망을 찾고자 노력해야 한다. 삶이 최악이고 바닥이라고 느껴진다면 이는 올라갈 날만 남았다는 뜻이기도 하다. 그것을 깨닫게 해주는 수많은 경험담이 책 속에 담겨있다.

01

읽을수록 삶의 희망이 생긴다! : Hope(희망)

책을 읽는 가장 큰 목적은 무엇일까. 삶이 변화되기를 원하기 때문이다. 사람들은 지금 자신의 삶이 더 나은 방향으로 나아가기를 바라고, 본인의 가지고 있는 고민이 해결되기를 바랄 때 책을 찾는다. 현실에서 찾지 못한 해결책을 책에 적힌 저자의 지식을 빌려 해결하고자 갈망할 때 독서를 하게 된다.

나의 문제에 해결책을 주는 책을 만나면 기쁘다. 변화할 수 있다는 기대가 생긴다. 희망을 얻는다. 책은 희망이다.

수많은 사람이 책을 통해 삶이 바뀌었다 말한다. 도대체 책이라는 것이 어떤 작용을 하기에 삶을 변화시킬까. 가만히 앉아 글을 읽는 활동이 어떻게 변화를 이끌어낼까. 그것은 책 속의 지식이 독자의 마음과 정신세계를 건드려줬기 때문이다. 희망을 이끌어냈기 때문이다.

수용소에서도 희망을 품는 것이 인간이다. 아우슈비츠 생존 작가인 프리모 레비의《이것이 인간인가》를 읽은 적이 있다. 이 책은 너무나 유명한 책이다. 아우슈비츠는 인간의 삶을 가장 밑바닥으로 끌어내려 처절한 경험을 하기 만들었던 수용소이다. 그러나 프리모 레비는 희망을 잃지 않았다. 아무것도 갖지 못한 상태에서도 글을 썼다. 언젠가는 수용소를 떠나 세상에 나가서 그곳에서 느낀 것을 세상에 알리겠노라 마음먹었다. 그곳을 벗어날 것이라는 희망을 품고 있었다. 글을 쓰면서 그는 희망을 얻었다. 자신의 글을 읽으면서, 그 글을 품속에 품고 고통의 시간을 견뎌냈다.

이 책에는 희망을 잃은 사람들의 모습도 많이 나온다. 희망을 잃은 사람은 눈빛부터 달라진다고 한다. 그렇게 변한 눈빛의 사람들은 실제로 며칠 되지 않아 죽음을 맞이했다고 적혀있다. 같은 환경에 있어도 희망을 품은 이는 현실을 극복해 내고 세상에 이름을 남기는 이가 되고, 누군가는 희망을 잃자마자 세상을 떠났다. 희망은 그렇게 강력한 것이다.

인간에게 그런 희망을 주는 것이 글이고 책이다. 책은 사람의 마음을 움직인다. 절박한 순간 속에서 간절하게 읽는 책 한 권, 한 줄의 글은 희망이 되고는 한다. 책을 읽어도 변하는 것이 없다고 말하는 사람들이 많다. 그 이유는 절실하지 않기 때문이다. 나 역시 같은 책을 읽어도 처해 있는 상황과 내 태도에 따라 책이 다르게 다가온다. 의미를 갖지 않고 읽었던 책은 읽고 나서도 공허했다. 그러나 삶이 괴롭고 고민이 많을 때, 절박할 때 찾아 읽은 책은 달랐다. 어떻게든 그 책을 읽으며 무엇이라도 바꾸고 싶다는 간절함으로 읽고 생각했다. 읽는 과정에서 변화는 없었다. 읽고 잠시 멈추어 생각하는 시간, 책 속의 지혜를 내 삶에 적용해보려는 실천 속에서 변화가 찾아왔다. 변화는 희망을 가져다줬다. 그런 독서가 진정한 독서다. 그런 경험을 단 한 번이라도 해본 이는 책을 손에서 뗄 수 없다.

어쩌면 변화와 희망은 삶이 가장 힘든 순간에 더 빠르게 찾아올지 모른다. 일상적이고 평범하고 무난한 삶은 변하기 어렵다. 힘들게 애쓰지 않아도 되기 때문에 삶의 변화를 꿈꾸지 않아도 된다. 하지만 절박하고 힘든 상황에서는 현실을 벗어나고 싶은 강한 욕구가 생긴다. 무엇이라도 하고자 하기에 해결책을 찾으려 한다. 그곳이 죽음이 눈앞에 와있는 곳일지라도 희망을 찾는다. 희망이라는 작은 불씨를 만들어주는 것이 생각의 전환이다. 생각을 바꾸도록 이끌어 주는 가장 좋은 자극이 글이고 책이다. 현재의 삶이 힘들고 괴롭다면, 어쩌면 그것은 변화하고 희망을 품기 가장 좋은 시기일 수 있다. 희망을 잃지 말자. 책을 읽고 희망을 품어보자.

건강을 잃은 군인이 희망을 품을 수 있었던 이유

나에게 있어 십자인대 수술은 군 생활에 대해 심각한 고민을 하게 만들었다. 군인에게 있어 건강한 신체와 체력은 기본이자 필수적으로 갖추어야 하는 것이라 생각했다. 그 누구에게도 신체적 능력으로 지지 않으려고 노력하며 군 생활을 했다. 작은 체구였지만 악바리같이 덤벼 이겨냈다. 작은 체구와 날렵한 행동을 요구하는 임무를 해야하는 특수부대가 있다. 그런 부대에서 근무하는 것이 내 목표였다.

십자인대의 상태를 알게 되고서는 모든 것이 끝났다고 생각했다. 학창 시절 육상 선수 생활 도중 오토바이 사고로 무릎을 다친 이후 좌절을 경험했는데, 차선책이라 생각하고 얻은 직업에서 또 다시 좌절하게 되었다. 그런데 막막한 마음으로 누워있던 병실에서 만난 책은 나를 독서강연자, 작가로 만들어줬다.

누구에게나 인생에서 좌절의 순간은 찾아온다. 그렇지 않은 사람은 없다. 그럴 때마다 희망을 찾고자 노력해야 한다. 삶이 최악이고 바닥이라고 느껴진다면 이는 올라갈 날만 남았다는 뜻이기도 하다. 그것을 깨닫게 해주는 수많은 경험담이 책 속에 담겨있다. 나는 병실에 누워 그런 책들을 만났다. 나보다 더한 상황에서도 꿈을 꾼 사람들, 책을 읽고 희망을 얻은 이들의 이야기를 읽으며 힘을 얻었다. 희망을 품었다.

개그맨으로 살아오다 요식업 CEO가 되고, 이제는 작가이자 강연자의 삶을 살고 있는 고명환 님의 이야기는 큰 힘이 되었다. 그는 교통사고로 인해 죽음이 눈앞에 다가왔다. 곧 죽을 수도 있

다는 말에 두려웠다. 눈만 움직일 수 있었다. 그 몸으로 할 수 있
는 것을 찾다 보니 책 읽는 것이 전부였다. 그리하여 책을 읽었
고 그 상황에서도 희망을 찾았다. 사고의 순간에 만난 독서가 지
금은 삶을 이끄는 전부가 되었다. 이런 이야기들을 만나게 되면
희망이 샘솟지 않을 수가 없다.

책은 희망이다. 삶의 가장 힘든 순간에 만나는 책은 희망을 자
라게 하는 씨앗이 된다. 그 순간에 심은 씨앗은 즉시 눈에 띄는 변
화를 일으키지 않는다. 계속해서 물을 주고 정성을 다하면 새싹은
반드시 세상에 나오게 된다. 씨앗에 주는 물은 또 다른 독서다. 조
금씩, 꾸준히 그리고 천천히 독서를 이어가다 보면 희망은 추상에
서 구체화되어 나타나게 될 것이다. 희망의 작은 새싹을 보면 더
큰 힘을 얻을 것이다. 더 많은 독서로 정성을 다하면 씨앗은 새싹
이 되고, 나무가 되고 꽃이 될 것이다. 꿈을 현실로 만들어 줄 것이
다. 내 삶에 희망을 가져다주는 독서를 하자.

02

독서는 나를 점진적으로 발전시킨다! : Evolution(발전)

Evolution : (점진적인) 발전

어학 사전에 나오는 'Evolution'의 정의다. E로 시작하는 단어 중 독서를 표현할 단어를 찾던 중 이 뜻을 보고 손뼉을 쳤다. 독서를 표현하는 데 있어 너무나도 완벽한 단어였다.

독서를 통해 나는 달라졌다. 하지만 일순간에 달라진 것은 아니다. 수많은 시행착오를 겪었고, 여러 독서법을 적용해보며 나에게 맞는 독서법을 익혔다. 일순간에 달라진 것이 아니다. '점진적으로' 발전해 왔다. 독서를 통해 성장한 사람들이라면 누구나 공감할 것이다.

책을 읽지 않던 시절의 나는 늘 제자리였다. 꿈과 목표 없이 멈추어 있었다. 결혼하고 한 아이의 아빠가 되었지만 미래를 향한 목표 없이 하루하루 살았다. 그랬던 내가 책을 읽기 시작하며 삶을 되돌아보게 되었다. 나라는 사람이 무엇을 좋아하는지, 무엇을 위해 살고 있는지, 나라는 사람은 누구인지 질문을 하기 시작했다. 어느 순간부터 시작되었는지는 알 수 없다. 다만 그런 변화를 이끌어 주는 책들과 만나면서 조금씩 질문을 해보고 답을 찾아갔다. 제자리에 누워있던 갓난아기 같은 '내 생각'은 일어서는 법을 알게 되었고, 일어서서 앞을 보고 한 걸음을 내디뎠다. 그리고 걷기 시작했다. 걷는 방법을 알게 되니 달리고 싶어졌다. 달리고자 하니 더먼 곳이 보였고, 무작정 달리다가 지치기도 했다. 그럴 때면 다시 멈추어서 제대로 달리는 법을 고민했다. 목표를 잡고 달려야겠다 마음먹었다. 그렇게 '내 생각'은 꿈이라는 목표를 설정하고 달려가고 있다.

갓난아기의 한 걸음처럼 조금씩, 천천히

책을 읽지 않던 사람이 책을 읽는다고 일순간에 달라지지 않는다. 절대 그럴 수 없다. 생각의 변화는 아주 조금씩 찾아온다. 그래서 힘들다. 독서를 시작했다가도 쉽게 포기하고 책을 다시 들지 못하는 이유는 바로, 점진적으로 변화되는 것을 기다리지 못하기 때문이다. '내 생각'이 이제 막 일어서는 법을 배웠는데, 걷기도 전에 달려야겠다는 욕심을 가지면 한 걸음 걷고 주저앉게 되는 것이다.

섣부른 욕심을 내지 말아야 한다. 욕심은 목표보다 **빠른** 포기를 먼저 만나게 한다.

책을 읽고 인생의 극적인 변화를 바라지만, 극적인 변화는 오히려 두려워하고 경계해야 한다. 로또에 당첨이 되고도 불행한 사람이 더 많은 이유가 그것이다.

갑자기 찾아온 삶의 변화는 한 사람의 인생을 뒤흔든다. 준비되지 않은 행운으로 인해 주변의 작은 행복과 사소한 일들에 대한 감사로부터 눈을 멀게 만든다.

한 단계씩 성장해가면서 느끼는 희열과 감동, 깨달음을 알지 못하면 같은 목표에 도달해서도 삶의 결과는 달라질 수 있다.

일확천금의 로또는 쾌락 추구와 허영심으로 삶을 망치지만, 성실하게 피땀 흘려 모은 적금은 금액과 상관없이 성취감과 만족감, 인내심을 주어 삶을 성장시킨다. 그렇기에 천천히, 조금씩 삶의 변화를 느끼며 앞으로 나아가야 한다. 독서를 통해 얻는 변화 또한 천천히 느껴야 한다.

인생을 한방에 바꿔 줄 비법서는 없다. 책 한 권을 읽고 삶이 변했다는 것에는 여러 의미가 있다. 그 책을 읽기 전 수많은 책을 통해 내공이 쌓였거나 책 한 권을 정말 깊이 있게 읽고 또 읽으며 사유했기 때문에 가능한 말이다. 오늘 당신이 읽고 있는 책은 삶의 크나큰 변화를 주지는 못한다. 그러나 조금씩 변화는 만들어지고 있다. 그것을 믿고 꾸준히 읽어나가기를 바란다.

생각의 발전을 넘어 혁명으로, 독서는 'R'이다

Revolution : 혁명

'Evolution'이라는 단어에 영문 'R'을 붙이면 'Revolution'이 된다. 바로 혁명이다. 혁명이라는 단어는 사회제도나 조직에 쓰는 단어이지만, 나는 이 단어를 통해 독서를 통한 '내 생각'의 혁명을 표현해 보고 싶다.

'혁명'이라는 단어를 국어사전에서 찾아보면 다음과 같은 뜻이 있다.

'이전의 관습이나 제도, 방식 따위를 깨뜨리고 질적으로 새로운 것을 급격하게 세우는 일'

독서는 생각에 혁명을 일으킬 수 있다. 독서는 그동안 고착되었고, 멈추어 있던 생각을 깨뜨리고 새롭게 세울 수 있다. 책 속에는 다양한 세상과 삶의 지식이 있다. 다양한 생각과 자신만의 생각이 만났을 때 그동안 없던 새로운 생각을 만들어 낸다. 바로 '혁명적 사고'이다.

'혁명적 사고'는 세상을 바라보는 관점을 다르게 해준다. 그동안 내가 알고 있던 것들에 대한 새로운 시선을 가져다준다.

시를 읽어보자. 시인들은 우리가 늘 보아왔던 물건, 공간, 경험을 전혀 다른 관점으로 해석해낸다. 사소한 것들에 의미를 부여하여 시를 써서 세상을 더 풍요롭고 넓게 바라볼 수 있게 이끌어준다. 일반적인 생각으로 보았을 때는 전혀 느낄 수 없는 것들을 시라는 함축적이면서도 아름다운 글로 표현해낸다.

시인들은 태어날 때부터 다른 시선을 가진 것일까. 그렇지 않다. 여러 시를 읽어보고, 많은 책을 읽어보면서 새로운 생각을 만들어 내는 눈과 시선을 얻은 것이다. 소설을 쓰는 작가들 또한 자신만의 생각으로 글을 써내지 않는다. 작가들은 또 다른 작가들의 작품을 통해 영감을 얻고 새로운 것을 만들어 내는 것이다. 혁명적 사고를 글로 표현하면 시와 소설이 된다.

작가들은 늘 다른 작가들의 작품을 본다. 이 책을 쓰고 있는 나역시 책을 쓰기 위해 책을 읽고 있다. 내 생각의 발전(evolution)에 'R'을 더하기 위해, 사고의 혁명(Revolution)를 끌어내기 위해 끊임없는 독서를 하는 것이다.

독서를 통해 삶을 바꾸고 싶다면 기억하자. 독서는 점진적인 발전이다. 절대 서둘러서는 안 된다. 갓난아기의 한 걸음처럼 조심스럽고 천천히 내디뎌 나가자. 한 걸음 딛다가 넘어질 수 있다. 넘어졌을 때 주저앉아 일어나지 못하면 평생을 누워만 있어야 한다. 엉덩방아를 찧어가며 수천 번의 실패 후 걷게 되는 아기처럼 독서도 주저앉을 수 있다. 그 과정을 딛고 일어나 앞으로 나아가는 사람만이 사고의 혁명과 만날 수 있다.

　독서 걸음마를 지나 걷고 달리며 목표를 향해 달려가는 날은 꾸준한 독서를 통해 반드시 찾아온다. 포기하지 말고 계속 읽자. '혁명적 사고'를 위해 다양한 책과 당신의 생각을 만나게 하자. 세상에 없던 생각을 만들어 내는 혁명가가 되어보자.

03

나라는 알을 깨고, 다시 태어나게 한다! : Reborn(다시 태어나다)

'새는 알을 깨고 나온다. 알은 세계다. 태어나고자 하는 자는 한 세계를 부수어야 한다.'

독일계 스위스인 소설가이자 시인인 헤르만 헤세의 《데미안》에 나오는 너무나 유명한 문장이다. 문학을 좋아하지는 않았지만 독서의 매력을 알게 된 이후에는 다양한 분야를 읽고 싶어졌다. 자기계발서에서 시작된 독서는 인문학, 고전, 에세이를 지나 문학으로 이어졌다. 그리고 《데미안》을 만나게 되었다. 이 문장을 본 순간 밑줄을 긋고 한참을 생각했다.

독서를 하고 나니 세상을 바라보는 눈이 달라졌다. 혁명적 사고의 시작은 마치 '나'라는 세계를 부수고 새로운 세상으로 나오는 경험이었다. 지금껏 살아왔던 삶과는 전혀 다른 삶을 살게 되었다.

나 자신을 반성해 보면서 지나온 삶을 되돌아보았다. 현재 내 삶을 차분히 재평가해 보았고, 삶의 목표를 세우기 시작했다. 매일 아침 눈 뜨는 것이 즐거웠다. 눈을 뜨고 만나게 될 책 속 내용에서는 어떤 깨달음을 얻을 수 있을까 설레었다. 책 속 지식을 내 삶과 연결하면서 성장하고 싶어졌다. 하루 24시간을 시간 단위로 나누어 알차게 살아가고자 하는 의지가 생겼다. 책을 읽지 않았다면 일어날 수 없는 변화였다.

울타리 속에서 나라는 세계를 깨고 나오다

30년간을 방황하며 살아왔다. 30년을 살았지만 내 의지대로 결정하고 행동한 것은 많지 않았다. 군인이라는 직업을 선택했지만 이 또한 내 의지는 아니었다. 가정 형편을 생각하고, 나에게 맞지 않는 대학에서 벗어나기 위한 도피처였다. 직업에 대한 자부심보다는 의무감으로 군 복무를 했다. 그렇기에 군이라는 울타리는 답답하기만 했다. 내가 하고 싶은 것들을 제약하고 삶이 통제된다는 기분으로 살았다. 불평불만으로 군 생활을 해왔다. 그런 내가 책을 읽으며 군에 대한 생각이 달라졌다. 내 삶 속의 부정적인 것보다는 긍정적인 부분을 바라보게 되는 마음이 생겨났다.

마음 하나 바꾸면 세상이 다르게 보인다. 이 말은 수많은 사람으로부터 들어온 이야기였다. 그 진정한 의미에 대한 공감이 되지 않아 내 삶의 변화는 일어나지 않았다. 책을 읽고 잠시 멈추어 생각하고 사유하며 그 의미에 눈을 뜨게 되었다. 물론 변화는 일순간 찾아오지 않았다. 여러 책을 읽으며, 다양한 작가들의 지식을 알게 되며 서서히 깨닫게 되었다. 그 과정은 내 안에서 일어나는 것이었다. 누군가의 강요가 아니라 내 생각과 마음의 변화에서 시작되었다. 생각이 조금씩 성숙하며 성장했다. 부화를 시작하려는 알 속 생명체가 조금씩 성장해서 알껍데기를 깨고 나오는 과정과 같다. 내적 성장으로 생각을 확장하면서 더 큰 세상을 보게 되는 것이다.

이제 군이라는 울타리는 나를 가두는 공간이 아니다. 나에게 기회의 장소가 되었다. 군인이라는 직업을 갖고 독서에 대해 이야기를 했기 때문에 많은 사람들이 관심을 가져주었다. 내가 만약 군인이 아니었다면 독서에 대한 내 외침은 그저 스쳐 가는 메아리에 불과했을 것이다. 울타리 속에서 나라는 세상을 깨고 나왔기 때문에 내 이야기에 울림이 생긴 것이다.

지금 나는 전투복을 입고 있는 내가 자랑스럽다. 내 직업에 감사함을 느낀다. 내 이야기를 세상에 나올 수 있게 해준 것이 군대이기 때문이다. 부정적으로만 생각해왔던 내 직업이 오히려 나에게 더 큰 기회를 주고 있다. 방황을 지나 다시 태어난 내 이야기가 더 많은 세상에 나올 수 있게 해준 계기는 바로 책이고 독서다.

인생에 늦었을 때는 없다. 언제든 다시 태어날 수 있다

'사람은 변하지 않는다.'라는 말을 믿고 살아왔다. 내 삶 역시 변화되고 달라지지 않을 것이고 생각했다.

매일 똑같은 삶을 살면 변화는 없다. 그러나 다시 태어날 방법은 있다. '혁명적 사고'와 세상을 달리 보는 눈을 가지면 가능하다. 독서를 통해 다시 태어나는 것이다.

술, 담배, 이성이라는 키워드만 가지고 살아왔던 내가 독서 강연자가 되었다. 20대의 황금 같은 시간을 나라를 위해 전부 바쳤다는 것이 원망스러울 때도 있었다. 그만큼 부정적으로 생각했던 내 직업을 응원하고 있다. 그 직업에 감사함을 느끼며 성장하고 있다. 다시 태어난 것이다. 30살이라는 나이에 만난 책이라는 매개체는 나를 새로운 사람으로 만드는 기적을 선물해 주었다. 그 어떤 경험보다도 값진 경험이다. 내가 자신 있게 말할 수 있는 이유는 가장 밑바닥에서 살아오고 어두웠던 내 삶이 변화되었기 때문이다. 독서와 만나지 못했다면 일어날 수 없는 변화였다.

삶의 변화, 다시 태어나는 것은 누구나 가능하다. 독서와 만났을 때 사람은 변할 수 있다. 개인마다 변화의 시점과 폭은 다를 수 있지만 분명 변화하게 되어 있다. 장거리 달리기를 이야기할 때 러너스 하이(Runner's high)라는 표현이 있다. 장거리 달리기는 힘들고 고통스럽다고 생각할 수 있지만, 고통이 극에 달하면 기분이

좋아지는 지점이 찾아온다. 이를 '러너스 하이'라고 한다. 독서에도 일종의 고통이 찾아올 때가 있다. 읽어도 내용이 기억나지 않는다거나 변화가 눈에 띄지 않아 지치기도 한다. 그 고통의 시간을 조금만 더 견디고 나아간다면 그동안 느끼지 못한 쾌감이 찾아온다. 나는 이것을 리더스 하이(Reader's high)라 표현한다. 책을 읽는 사람만이 느낄 수 있는 고통이 있다. 그 고통과 힘든 시간을 참고 견뎌내 보자. 그러면 한 세계를 부수고 나와 또 다른 세상을 경험하게 될 수 있다. 알을 깨고 나와 다시 태어나서 세상과 마주하는 날이 올 때까지 읽고 또 읽어보자.

지금 당신이 살아가고 있는 공간에서 변화를 원하는가. 그렇다면 독서를 시작하라. 멈추어 있던 삶을 박차고 일어나게 해줄 방법이 당신 옆에 있다. 책 한 권을 손에 붙잡고 절실하게 읽자. 변화의 시점이 금방 오리라는 기대는 버리고 그저 나 자신을 믿고 읽어나가자. 리더스 하이(Reader's high)에 도달해서 찾아올 희열과 만나보자. 나라는 알을 깨고 또 다른 세계로 나아가는 당신을 응원한다. 달라질 수 있다. 읽고 읽고 또 읽자.

04

세상에 대한 열린 마음을 갖게 되리라! : Open mind(열린 마음)

독서는 열린 마음을 준다. 다양한 저자들의 생각을 접하고 고민하다 보면 타인과 나의 다름을 인정하게 된다. 열린 마음을 통해 우리는 자유로워질 수 있다. 나라는 세계에 갇혀 좁은 마음으로 살던 삶에서 벗어나게 된다. 타인을 내 안에 들어오게 해줄 여유와 공간을 만들어준다. 다른 사람을 포용함으로써 삶은 더 풍족해진다.

책을 통해 아버지를 용서하다

나는 사람에 대한 평가에 있어 매우 냉정했다. 내 마음에 들어온 사람에게는 절대적인 믿음과 신뢰를 보냈다. 실수에도 관대했다. 하지만 내 마음에 들지 않거나 통하지 않는 사람에게는 절대로 마음을 주지 않았다. 그들의 진실한 마음도 의심하고 마음을 열지 않았다. 호불호가 매우 강했다.

사람에 대한 평가의 잣대는 가족에게도 예외가 아니었다. 나는 아버지를 평생 원망하고 미워했다. 내 마음속 들어올 공간을 내어주지 않았다. 이제는 만날 수 없는 하늘나라로 가셨음에도 내 감정은 변하지 않았다.

아버지는 항상 엄했다. 술을 한 잔도 하지 못하셨지만, 술주정을 하는 이들보다 더 거칠었다. 집 밖에서는 점잖고 매너 있고 좋은 남자였다. 그러나 집안에서는 더없이 무정하고 엄한 가장이었다. 내 나이 19살, 고등학교 3학년에 우리 부모님은 이혼하셨다. 내 인생에 있어 중요한 시기이기에 어머니는 깊은 고민을 하셨다. 그런 어머니께 난 용기를 드렸다. 아버지의 강압적인 태도와 다혈질의 성격을 더 이상 견디며 살지 말자고 했다. 이혼 후 어머니와 여동생과 서로에게 의지하며 살아갔다.

성인이 된 나는 사관학교에 가고 임관하여 장교가 되었다. 군생활을 하는 중 가끔 아버지에게 문자가 왔다. 안부를 묻는 글보다는 인터넷에 떠도는 좋은 글과 영상을 보내왔다. 읽지 않았다. 그런데도 아버지는 잊을만하면 또다시 문자를 보내왔다. 수신자에 '아버지'라는 글자만 보아도 화가 났다. 차단 기능으로 아버지의 연락을 차단했다.

30살이 되어 나도 한 가정의 가장이 되었다. 핏줄이었기에 결혼식장의 '신랑 아버지' 자리에 아버지를 초대했다. 고맙다고 하셨다.

내 마음도 결혼을 계기로 조금 열리는가 싶었지만 잠시뿐이었다. 결혼을 하고 두 아이의 아빠가 되었다. 손자들을 보고 싶다고 했다. 말리지 않았다. 축하한다며 내민 돈을 난 덥석 받았다. 할아버지로서 손자들을 위해 그 정도는 당연한 것이라고 생각했다. 감사함보다는 당연함으로 받아들였다.

2019년 12월. 한 해를 마무리해가던 날 생각지도 못한 소식과 함께 난 상복을 입었다. 2020년 1월 1일, 아버지를 하늘나라로 보냈다. 세상을 떠나는 날짜도 왜 이런 날이어야만 했는가 하고 또다시 원망했다. 평생 아버지에 대한 감정은 변하지 않을 것이라고 생각했다.

평생의 숙제로 남아있던 아버지에 대한 감정을 해결하고 싶었다. 누구에게 물어도 해답을 주지 못했다. 책 속에서 답을 찾아보기로 했다. 그때 만난 책은 샤우나 샤피로의 《마음챙김》이었다. 책 속의 한 사례가 내 마음에 울림을 주고 변화를 일으켰다.

전쟁 포로였던 두 사람이 석방되고 몇 년 만에 재회하면서 대화를 나눈다.

A : 널 억류했던 자들을 용서했나?
B : 아니, 난 그들을 절대 용서할 수 없어.

A : 아, 이런. 그들은 널 여전히 감옥에 가두고 있구나.

나의 삶이 대화 속 전쟁 포로처럼 살아오고 있음을 깨달았다. 나는 내 스스로 만들어 놓은 감옥 속에서 평생을 살아오고 있던 것이다. 아버지를 용서하지 않고, 아버지에게 마음을 열지 않음으로써 내 마음속 감옥에 갇혀 고통스러워하고 있었다. 내 마음을 열어 아버지를 용서하고 나라는 감옥에서 나오기로 했다. 그날 이후 나는 자유로워졌다. 수십 년간 용서하지 못했던 아버지를 용서했다. 아버지에 대한 미움은 내가 만든 고통임을 알고 그 고통을 깨뜨렸다.

닫혀있는 마음을 열어줄 열쇠, 책

인생을 살며 만나는 사람들이 모두 내 마음과 같을 수는 없다. 세상에서 일어나는 일들이 내 뜻대로 될 수만은 없다. 다름을 인정해야 한다. 그러나 그 사실을 받아들이기가 쉽지만은 않다. 그렇기에 다른 상황과 사람들을 만나기 전에 경험이 필요하다. 알지 못했던 경험과 지식을 만나는 기회가 독서다. 인생의 시간과 내가 움직일 수 있는 범위는 한정되어 있기 때문에 간접경험이 필요하다. 간접경험에 있어 독서만큼 좋은 것이 없다. 언제 어디서든 책 한 권만 있으면 새로운 세상, 지식과 만날 수 있기 때문이다.

당신의 마음은 이 세상과 타인을 향해 얼마나 열려있는가. 우리 모두는 성인군자가 아니다. 모든 사람과 상황에 대해 열린 마음으로 모든 것을 수용하기는 힘들다. 닫힌 마음의 문을 열어줄 열쇠를 찾고 열쇠가 꽂힐 입구를 찾아 나가는 노력을 해야 한다. 그것은 결국 당신과 나를 행복한 삶으로 이끌어주는 길이 될 것이다. 내 마음을 내어주면 더 큰마음이 내게로 다가온다. 그 진리를 깨닫는 과정이 책을 읽는 것이다.

세상을 향해 마음을 열어보자. 열린 마음으로 세상에 나아가면 더 큰 평온과 행복이 찾아온다. 그 길에 책이 함께해 줄 것이다. 한 분야에만 집중된 독서보다는 여러 분야의 다양한 저자의 생각을 알아가면서 마음을 열자. 오픈 마인드를 갖게 해 줄 열쇠는 바로 책이다.

6장

적용하면 삶이 달라지는 독서의 힘

세상은 날이 갈수록 빠르게 흘러가고 있다. 과거의 사람들이 만들어놓은 길은 내가 가야 할 길이 아니다. 나만의 길을 찾아야 한다. 과감한 도전, 창의적 사고, 도전하는 용기가 필요하다. 모험을 해야 한다. 모험에서 만난 장애물을 극복해가며 성장해야 한다. 자신만의 길을 찾아 과감히 도전하고 떠나는 모험생이 되어야 한다.

독서의 향기는 만 리를 간다, 독향만리(讀香萬里)

'화향백리, 주향천리, 인향만리(花香百里, 酒香千里, 人香萬里).'

꽃의 향기는 백 리를 가고, 술의 향기는 천 리를 가지만, 사람의 향기는 만 리를 간다.

예로부터 전해오는 출처 미상의 글이다. 많은 생각을 하게 만드는 따뜻한 문장이다.

사람에게서 나는 향기가 만 리를 갈 수는 없다. 이 글에서 '사람의 향기'란 그 사람의 영향력을 뜻하는 것이다. 넓은 세상 속에서 나라는 한 사람은 작은 존재다. 그러나 한 사람이 갖는 영향력은 무한대로 성장할 수 있다. 만 리로 뻗어 나갈 수 있다.

내 말 한마디, 행동 하나가 누군가의 삶을 바꿀 수도 있다. 때로는 작은 행동 하나가 사람을 고통 속으로 빠뜨릴 수 있다. 말 한마디로 희망을 주어, 한 사람이 인생을 다시 살아갈 힘을 실어줄 수도 있다. 나라는 존재는 작지만 무한한 가능성과 영향력을 갖고 있음을 잊지 말자.

나는 위에서 소개한 글을 보면서 '사람인(人)'이라는 한자를 독서의 독(읽을 독, 讀)으로 바꾸어 보았다. 뜻은 이렇게 풀이해보았다.

'독향만리(讀香萬里) : 독서의 향기는 만 리를 간다.'

독서모임 커뮤니티에 매일 글을 올린다. 새벽 독서 후 대화를 나누고 그 안에서 나온 대화 내용을 요약하고 내 생각을 더한 글을 쓴다. 답장으로 자기 생각을 나누는 이들도 있지만 대부분 읽고 넘어간다. 그들이 어떤 생각을 하는지 나는 모른다. 그러던 어느 날, 선배 한 분이 이런 글을 남겼다.

'매일 독서모임에 참여하지는 못하지만 독서모임에서 나오는 이야기를 보고 있노라면, 마치 독서의 향기를 맡은 듯합니다. 커피를 마시지 않아도 향을 음미할 수 있는 것처럼, 독하군 독서모임 멤버들의 독서향이 느껴집니다. 매일 즐겁게 하루를 시작하게 해주어 감사합니다.'

독서하는 모습만을 보여주는 것, 독서와 관련된 글을 전달하는 것만으로도 한 사람에게 큰 영향을 미친 것이다. 그 글을 본 사람들의 반응도 뜨거웠다. 모두가 비슷한 생각을 하고 있었던 것이다. 책을 읽고 나눈 대화가, 그 대화를 정리한 글이 다른 사람에게 긍정적이고 선한 영향력을 전달한 것이다. 나는 '독서의 향기'를 나누고 있었다.

우리 모두는 주변에 영향력을 펼칠 수 있는 능력이 있다. 화려한 퍼포먼스가 아니더라도 작은 행동 하나로도 영향력을 발휘할 수 있다. 당신이 책을 읽고 있는 모습을 누군가 본다면 그것만으로도 자극을 준 것이다. 그 모습을 본 사람의 머릿속에 '나도 책을 읽어야겠다.'라는 생각 하나를 남긴다면, 영향력을 발휘할 수 있다. 책을 옆에 끼고 있는 것만으로도 자극을 줄 수 있다. 독서를 시작했다면 숨어서 읽지 말고 당당히 드러내어 읽고 표현해 보자.

내 첫 책인 《독서로 나를 디자인하라》가 출간되었을 때 일이다. 육군대학에서 함께 공부하던 후배가 내 책을 구매했다. 그의 책에 사인을 해주고 잠시 독서에 관해 이야기를 나누었다. 평소에 책을 읽지 않아 왔던 그는 이 책을 산 김에 독서를 해보겠다고 말했다. 며칠 뒤 그가 내게 찾아왔다.

"선배님, 저 이대로 살면 안 될 것 같습니다. 선배님 글을 보고 생각이 바뀌었습니다. 무언가 도전을 해야겠습니다."

너무나 감사한 말이었다. 내 글이 그를 움직인 것이다. 후배가 책 읽는 것이 재미있다며 책을 추천해달라고 했다. 내가 소장하고 있는, 여러 번 읽고 줄을 쳐가며 깊게 읽은 책을 그대로 주었다. 책을 읽으면서 내가 느낀 고민, 생각이 적혀있는 책이었다. 그것을 통해 독서의 방향을 잡아가기를 바라는 마음에 아낌없이 선물했다. 후배는 육아와 육군대학에서의 공부로 힘든 마음을 가져왔다가 책을 읽고 생각의 전환을 맞이했다. 세상을 넓게 보아야겠다는 마음의 눈이 떠진 것이다. 그 뒤로 그의 얼굴은 밝아졌고 꾸준히 독서를 하게 되었다.

나는 그에게 억지로 독서를 강요하지 않았다. 그저 글로써 그의 마음을 움직였다. 독서를 실천하고 있는 내 모습을 보여줌으로써 변화시켰다. 나라는 사람의 영향력, 독서의 향기가 그에게 전달된 것이다. 그 어떤 설득보다 '독서의 향기'를 은은하게 전달했던 것이 강한 설득력을 발휘한 것이다.

독서를 시작했다면 독서하는 내 모습을 주변에 당당히 보이자. 독서에 흥미가 생겼다고 다른 사람을 설득하려고 노력하지 말자. 변화되는 내 모습을 자연스럽게 보여주자. 나라는 사람의 향기, 독서의 향기가 타인을 자극하도록 하자. 강요하지 말고 보여주기만 하자. 그런 실천이 주위 사람들을 책과 가깝게 만들 것이다. 함께 독서를 해나갈 동료가 자연스레 찾아오게 될 것이다.

많은 사람이 독서하기를 바라는 마음에 주변 사람들에게 수차례 독서의 중요성을 알렸다. 강연도 했다. 라디오에 출연하여 독서에 관해 이야기도 해보았다. 그런 활동들이 좋은 자극이 되기도 했지만, 가장 크게 상대의 마음을 변화시켰던 것은 달라지는 내 모습을 보여주는 것이었다. 독서가 좋다고 말만 하는 것보다, 책을 읽고 어떻게 달라졌는가에 대해 사람들은 관심을 가졌다. 강연보다 더 좋은 것은 내 자신의 변화와 성장을 보여주는 것이었다. 변화를 위해 더 많은 독서를 했다. 독서를 통해 얻은 지식을 삶에 적용했다. 삶에 변화가 일어나자 사람들이 관심을 주기 시작했다. 가장 큰 설득은 내 변화 과정이던 것이다.

독서를 통한 성장해 보자. 그 과정을 잘 기록해두자. 책 속의 지식을 삶에 적용해 보자. 그리고 자신의 삶이 변화되어서 주변 사람들이 느끼도록 만들자. 당신은 선한 영향력을 갖춘, 독서의 향기를 가진 사람 되어 있을 것이다. 조금씩, 천천히, 꾸준히 독서를 해보자. 당신만의 독서 향기로 주변을 물들여보자.

02

내 삶의 멘토를 찾고 만나자

자기계발서 10권을 읽어보자. 읽다 보면 공통점이 많다. 성공의 조건에는 공통점이 있기 때문이다. 공통된 조언을 습관화하고 실천하면 성공할 수 있다. 책에 나온 내용을 자신의 삶에 적용하기만 하면 된다. 그런데 왜 성공하는 사람은 많지 않은 것일까? 삶에 적용하는 사람이 많지 않기 때문이다. 책을 읽고 고개를 끄덕이며 공감하고, 밑줄 긋고, 필사하고, 정리해도 거기서 끝인 사람이 대부분이다. 반드시 실천해야 한다.

누구나 새로운 것을 시작할 때는 시행착오가 있다. 그 과정을 직접 경험하며 헤쳐나가 답을 찾으면 가장 좋은 지혜가 된다. 하지만 우리에게 인생은 짧기만 하다. 당장 내일이라도 삶에 변화가 찾아오기를 바란다. 세상이 빠르게 변할수록 조급함만 늘어간다. 하루빨리 변화되기를 바란다. 나 역시 조급함이 있었다. 그러다가 자기계발서의 많은 공통된 조언 속에서 빠르게 삶을 변화시킬 수 있는 방법을 발견했다. 멘토를 만나는 것이다. 내가 원하는 삶을 살고 있는 '그', '그녀'에게 직접 답을 구하는 것이다. 저자가 쓴 책을 읽었는데 굳이 만날 필요가 있을까 하고 의심되는가. 책 속의 저자를 만나는 것과 대면하는 것에는 엄청난 차이가 있다. 나는 그것을 몸소 체험했다.

2023년 1월의 어느 날, 독일의 경제전문가 보도 셰퍼의 《이기는 습관》을 읽고 있었다. 성공한 사람들의 성공 법칙을 읽어나가고 있었다. 예전에 많은 자기계발서에서 보던 내용이 나왔다. '자기계발서는 다 비슷하구나.' 하고 생각했다. 그러다가 한 문장과 만났다.

'언젠가 꼭 만나볼 멘토 10명을 정해 리스트를 작성해 둔 다음 주기적으로 업데이트하라. SNS 미디어 시대에 만날 수 있는 방법은 얼마든지 있다.'

2023년 2월에 나는 독서에 진심이었다. 책 속 좋은 문장을 만나면 바로 삶에 적용할 방법을 생각했다. 그런데 유독 멘토를 만나는 것에 있어서는 망설였다. 내가 생각하는 멘토들은 멀게만 느껴졌다. 좋은 책의 저자, 어느 기업의 CEO, 군에서의 장군.

어린 시절에도 멘토를 만나보아야겠다고 생각했지만 연락할 방법조차 막막했었다. 그런데 그 문장을 본 날은 마음이 달랐다. 매번 생각만 하던 멘토와의 만남을 이제는 실천해 보고 싶었다.

독서 전문가들을 만나보기로 마음먹었다. 그 대상은 감명 깊게 읽은 책의 저자, 수십 권의 책을 쓴 군인 작가, 장군, 베스트셀러 작가로 선정했다. 그들과 만날 방법을 고민했다. 요즘은 SNS로 멘토들과의 접촉이 수월해졌다. 방법은 쉬워졌지만 나라는 작은 존

개그맨이자 요식업 CEO, 동기부여 강연자인 고명환 님

재를 만나줄지 의문이 들었다.

'아무것도 가진 것 없는 나를 만나줄 것인가.'

그 순간 멈추지 말고 나아가자 마음먹었다. 내가 가진 무기는

'진심'이었다. 진심으로 성장하고 싶었고 배우고 싶었다. 지금의 삶에서 한 단계 성장하고 싶은 절실함이 있었다. 이 또한 독서를 하면서 생겨난 마음이었다.

SNS로 멘토들을 찾았다. 유명인들이라 SNS 계정을 쉽게 찾을 수 있었다. SNS 게시물에 댓글을 달았다. 때로는 메시지를 보냈다. 나라는 사람을 소개하고 진심을 담은 글을 썼다. 그들이 읽든

권민창 멘토(마인드셋 출판사 대표)

읽지 않든 내 진심을 담아 글을 써 내려갔다. 글을 쓰면서 몇 번을 고쳤다. 썼다 지웠다를 반복했다. 그 과정에서 깨달았다. 내가 진정으로 성장하고 싶은 이유, 내 삶의 방향과 목표, 독서에 대한 열

독서문화기획자 권인걸 님

정의 이유가 보였다. 만남을 위한 글을 쓰면서 나를 알게 되었다. 진심을 담아 쓴 글을 다시 읽어보았다. 눈을 질끈 감고, 간절한 마음을 담아 클릭! 기다림만이 남았다.

하염없이 시간이 흘렀다. 하루가 지나갔다. 답은 오지 않았다. 기다리는 것이 지치기도 했지만, 시도했기에 후회는 없었다. 마음을 접으려 했다. 그렇게 포기하려던 순간!

'최영웅 소령님. 반갑습니다. 독서에 대한 진심이 느껴지네요. 만날 시간을 정해볼까요?'

머리가 삐쭉 섰다. 멘토를 만날 방법을 찾은 것이다. 용기를 얻

숭실대학교 중소기업대학원 독서경영전략학과 주임교수 김을호 님

었다. 내가 생각하던 멘토를 찾아 지하철에 올라탔다. 지하철역이 하나씩 지나갈 때마다 심장이 뛰었다. 멘토를 만나면 무슨 말을 할 것인가 고민이 많았다. 만남의 시간은 다가오는데 생각이 정리되지 않았다. 오히려 머리가 하얘졌다. 멘토가 눈앞에 나타났다. 같은 세상이 달리 보였다.

내가 만난 멘토들은 상상 속의 모습보다 가깝게 느껴졌다. 그들은 평범한 사람이었다. 나와 같은 인간이었다. 감히 범접할 수 없는 곳에 있는 먼 존재가 아니었다. 그들의 인간미를 느끼며 용기를 얻었다. 무슨 이야기를 할까 하는 고민은 불필요한 것이었다. 멘토들은 자신을 찾아온 그 마음에 감사해했다. 그들이 먼저 내게 질문을 던지고 나에 대해 알고 싶어했다. 그 질문에 답을 하며 나도 자연스레 질문이 떠올랐다. 멘토들과의 대화가 시작되면 시간이 가는 줄 모른다. 그들의 말 한마디는 가슴 깊이 들어왔다. 책 속에서 본 이야기는 읽었을 때보다 직접 만나 저자로부터 듣게 되면 더 깊고 강하게 가슴에 새겨진다.

멘토들의 조언은 특별한 것이 아니다. 다시 생각해 보면 누구나 할 수 있는 이야기다. 다만 다른 것이 있다면, 말속에 무게가 있다. 그들의 입에서 나온 조언은 삶과 독서를 통해 배우고 경험한 '진짜' 조언이다. 그렇기에 같은 말, 같은 문장이라도 마음속 깊이 들어왔다. 책 속 문장을 베껴 읽는 수준과는 다르다. 진심으로 본인을 따르고자 하는 사람에게 그들도 진심으로 대한다. 진심 어린 조언은 내 마음속에 스며든다. 멘토를 직접 만나야 하는 이유다.

절절포 장군, 예비역 소장 서정열 님

무슨 일이든 처음이 어렵다. 처음 멘토를 만날 때는 땀이 나기도 하고 긴장되기도 했다. 한 명, 두 명 만나면서 나는 달라졌다. 용기가 생겼다. 그들과의 대화를 통해 성장했기에 다른 멘토를 만나도 당당히 대화를 나눌 수 있었다. 멘토를 만나보는 것도 습관이다. 자주 만나다 보면 어느샌가 나도 모르게 커져 있는 나를 발견한다.

내가 시도했던 멘토와 만나는 방법을 소개한다

① SNS 계정으로 댓글, DM, 메시지 등을 보내기(Facebook, 인스타그램 등)
　　→ 나에 대한 소개와 진심으로 만나고 싶은 이유를 적기
② 출판사에 저자 이메일 요청하여 주소 확보 후 이메일 쓰기
　　→ 출판사에는 저자 이메일이 무조건 있다. 의외로 잘 알려준다.
③ 책을 읽고 소개하는 글, 영상 촬영 후 저자 태그 걸기(인스타그램)
　　→ 요즘은 저자들도 소통을 위해 노력한다. 내 계정을 방문하면
　　　연결고리가 시작된다.
④ 멘토를 만나본 이들을 통해 연결고리 요청
　　→ 멘토를 만난 방법을 알 수 있음. 지인이 나를 소개해 주고 연
　　　결해 주면 금상첨화.
⑤ 저자 북토크 등 강연 찾아가기
　　→ 1:1 만남은 어려울 수 있지만 만날 수 있는 확률이 가장 높음.

이 외에도 멘토를 만나고자 하는 진심만 있다면 다양한 방법으로 만날 수 있다. 자신만의 방법을 찾아보자. 간절한 마음으로 원하면 이루어진다. 멘토를 만나면 책 1권을 읽을 때보다 몇 배는 더 큰 깨달음을 얻고 성장할 수 있다. 빠르게 성장하고 싶다면 빠른 길을 찾아야 한다. 멘토의 도움을 받자. 그들도 사람임을 명심하자. 멀리 있는 사람이 아니다. 읽고만 끝나는 독서를 넘어 저자와 직접 소통하는 독서를 해보자. 어느 순간에는 여러분이 누군가의 멘토가 되는 날이 올 것이다. 그날까지 몸을 움직여 만나고 성장해보자.

03

학연, 지연, 근무 연보다 끈끈한 인연

우리나라에는 다양한 인연이 있다. 그중에서도 학연, 지연을 많이 따진다. 군대에서는 거기에 덧붙여 '근무연'이라는 것이 있다. 같은 부대에서 근무했던 경험이 인연이 되는 것을 말한다. 그런 인연들을 통해 사람들은 가까워진다. 물론 학연, 지연이 사람의 능력을 평가하는 요소가 되어서는 안 된다. 인연은 인연 그 자체가 좋은 것이지 그 이상이 되어서는 안 된다.

학연, 지연의 좋고 나쁨을 말하려는 것은 아니다. 세상에 여러 가지 인연을 만들 방법을 말하고자 한다. 학연, 지연, 근무연이 있으면 괜스레 마음이 갈 때가 있다. 그러나 그것은 어디까지나 한계가 있다. 그 사람의 깊은 곳까지 보지 않고 공통점이 있다는 것만으로 곁에 둘 때는 실망하게 되는 경우도 많다.

인생을 살면서 다양한 인간관계를 경험하게 된다. 빠르게 변하는 세상, 타인과의 소통이 빨라진 세상에서 인간관계를 해야 하는 경우의 수가 너무나 많아졌다. 그 관계 속에서 나에게 유익한 인연을 찾는 일이 중요해졌다. 직업군인인 나는 매년 보직을 옮긴다. 새로운 관계를 계속해야만 한다. 새롭게 만난 사람에 대해 파악하는 것이 매우 중요한 일이다. 새로운 사람과의 빠른 친밀감 형성을 위해 학연, 지연, 근무연을 따지곤 했다. 그 인연을 통해 조금은 가까워질 수는 있었다. 하지만 오래 지속되고 도움이 되는 인연을 만드는 데 그런 사소한 인연들은 중요하지 않았다. 어색함을 없애는 정도의 수준일 뿐이었다.

진정으로 깊은 관계를 맺고 싶었다. 실패하지 않는 인간관계를 만드는 기준을 갖고 싶었다. 오랫동안 이어지는 인연을 만들고 싶었다. 매년 직책을 옮기고 새로운 부대를 이동하다 보니 인연이 오래가지 못했다. 아쉬웠다. 그러던 어느 날 부대에서 함께 독서모임을 했던 중대원에게 연락이 왔다.

"중대장님, 잘 지내십니까. 한번 뵙고 싶습니다."

전역한 지 2년이나 지난 용사의 연락이 너무나 반가웠다. 그 연락을 계기로 다른 독서모임 멤버들에게도 연락을 돌렸다. 모두 다시 만나고 싶었다고 했다. 그리고 며칠 뒤 우리는 전국 각지에 흩

독하군 독서모임 멤버들의 2년 만의 만남

어져 있다가 재회했다. 몇 년 만의 만남이지만 전혀 어색하지 않았고, 반가웠다. 다시 만나 책에 관해 이야기하며 자연스러운 대화가 이어졌다. 그 어떤 만남, 인연들보다 소중하고 감사함을 느낀 하루였다. 만남이 끝나고 돌아와서 아내와 이야기를 나눴다. 아내는 신기하다고 했다.

"지금껏 전역한 용사들을 만나는 건 처음 보네. 책으로 이어진 인연이라 그런가?"

그 순간 내 머릿속에 한 문장이 떠올랐다.

'학연, 지연, 근무 연보다 끈끈한 인연은 〈독서로 만난 인연〉이다.'

내가 찾던 답이었다. 내 삶에서 깊은 관계를 만드는 데 좋은 기준이 되어 주는 것은 독서였다. 책을 통해 만난 인연들을 떠올려보았다. 오랜 시간 내 옆에 있고 나를 지지해 주는 이들의 공통점이 책을 읽는 사람들이었다. 책이라는 매개체로 이어진 인연들은 오랫동안 끊어지지 않고 내 옆에 있었다.

그날 이후 나는 새로운 사람을 만날 때 반드시 묻는 말이 한 가지 생겼다.

"혹시 책 읽는 거 좋아하세요?"

독서가 취미인 사람들은 대부분 좋았다. 편중된 독서나 잘못된 책만 읽는 소수의 사람들을 제외하고는 책 읽는 사람 중 나쁜 사람은 없었다. 책에 관한 이야기를 나눌 수 있는 사람과는 금세 가까운 관계를 만들 수 있었다. '책 읽는 사람'이라는 기준이 나에게는 인간관계의 좋은 필터링이 되어 주었다.

이 책을 읽고 있는 당신은 좋은 사람이다. 책의 후반부까지 읽

독서로 만난 인연, 숭실대학교 독서경영전략학과 원우들

고 있다면 분명 책을 좋아하는 사람이라고 감히 말하고 싶다. 여기까지 읽어주어 너무나 감사하다. 책을 읽는 당신과 좋은 인간관계를 만들고 싶다. 분명 오랜 기간 함께 할 끈끈한 인연이 될 것이다. 확신한다. 서로에게 힘이 되어 주는 관계를 만들고 싶다면 언제든 연락을 주기 바란다. 이 책의 이 내용을 말하며 다가와 주는 이들에게는 내가 할 수 있는 최선의 도움을 주겠노라 약속하겠다. 이 글을 쓰며 끈끈한 인연이 시작되는 순간이 다가오고 있음이 느껴져 설렌다.

내 주변의 사람들을 돌아보자. 학연, 지연, 근무연이라는 이름으로 함께 하고 있다면 다시 생각해 보자. 학연, 지연, 근무연은 좋은 관계를 이어주는 기준이 되지 못한다. 아주 작은 공통점일 뿐이다.

책을 읽는 사람을 만나자. 책에 관해 이야기 나누어보고 생각을 공유해 보자. '독서로 만난 인연'은 당신에게 소중한 인연이 될 것이다. 새로운 사람을 만나고 관계를 이어갈지 고민이 되는가. 오늘부터는 당신에게 찾아온 사람, 인연에게 질문을 던져보자.

"혹시 책 읽는 거 좋아하세요?"

04

자신의 강점을 찾아 극대화하자

사람은 누구에게나 저마다의 강점이 있다. 만약 강점이 없다고 생각한다면 그것은 아직 자신을 제대로 모르는 것이다. 자신을 제대로 바라보지 못하고 살았기 때문이다. 자신에 대해 깊이 들여다보는 시간을 갖지 않았기 때문이기도 하다. 남들이 만들어 놓은 삶의 정답을 내 인생의 정답으로 착각하면서 살았기에 강점을 찾지 못하는 것이다.

인생에 있어 세상이 정해놓은 정답은 있을 수 없다. 당신의 정답만이 있을 뿐이다. 그 정답을 하루라도 빨리 찾아야 한다.

그렇다면 '나'를 제대로 보는 방법은 무엇인가. 바로 독서다. 독서의 가장 큰 강점은 단연 사색하는 힘을 길러주는 것이다. 글과 문장으로 생각에 자극을 주고 잠시 멈추어 생각하도록 이끌어주는 것이 독서다. 책의 내용을 내 삶에 대입해 보고 생각해 보는 순간,

사색이 시작된다. 그 이후 자신만의 답을 찾는다면 그 과정이 바로 자신을 알아가는 길이다. 사색이라는 것은 대단한 것이 아니다. 잠시 멈추어 생각하는 것이다. 텅텅 비어 있는 머릿속에서 무언가를 끄집어내는 것은 힘들다.

책은 그 '무언가'를 찾는 데 도움을 준다. 자극제가 된다. 자극을 통해 사색을 끌어내 준다. 그 사색 속에서 자신을 알아가게 된다. 비로소 '나'라는 사람이 보인다.

책을 통해 나에 대해 생각을 해본다고 내 강점을 알 수 있을까. 책을 읽지 않아도 내 과거를 돌아보며 내가 잘해왔던 것을 깨달을 수는 있다. 그러나 더욱 좋은 방법은 책에서 느끼고 배운 지식을 삶에 적용해 보는 것이다. 지식을 삶에 적용해 보면서 그 과정에서 자신의 모습을 평가해 보면 된다.

2023년도 4월, 육군의 교육과정 중 하나인 육군대학에 입교했었다. 매일같이 발표와 토론이 이어졌다. 30여 명 앞에서 해야 하는 개인발표 시간은 너무나 떨렸다. 준비 시간도 많지 않았고 알아야 할 것도 많았다. 발표 시간은 10~15분.

다양한 지식을 단시간에 공부하고 발표해야 하니 부담감이 컸다. 내 발표 전에 다른 사람들의 발표를 연구해 보았다. 그런데 발표가 끝나고 무슨 내용인지 잘 이해가 되지 않을 때가 많았다. 주변 사람들에게도 물으니 같은 반응이었다. 왜 그런 것일까 고민을 해보다가 책에서 답을 찾아보기로 했다. 제레드 쿠니 호바스의《사람은 어떻게 생각하고 배우고 기억하는가》라는 뇌과학에 관한 책을 읽어보았다. 그 책에서 저자는 청중에게 내 의견을 잘 전달하고 기억하게 하는 방법을 제시해 주었다. '이미지화하라', '프레젠테이션에 글을 줄여라', '사진은 프레젠테이션에 최대 2장만 넣어라' 등의 방법들이었다.

책에서 얻은 지식을 다음 발표에서 적용해 보았다. 많은 학생장교의 발표는 글이 대부분이었다. 나는 글들을 함축할 이미지를 찾았고, 글을 최대한 줄이면서, 책에서 본 내용대로 프레젠테이션을 준비했다. 다음 날 발표를 했다. 동료 학생 장교들은 다음과 같이 내게 말해주었다.

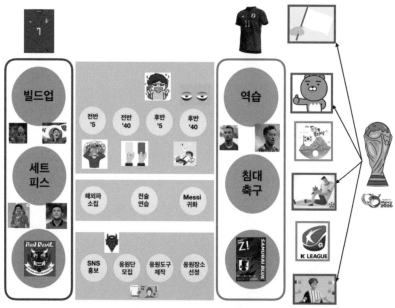

부대에서 볼 수 없는 시각화 된 저자의 육군대학 발표자료

"선배님, 제가 육군대학에 와서 들은 발표 중 최고였습니다."

"영웅아, 어떻게 그런 식으로 발표를 할 생각을 했어? 대단하다."

나는 책 속의 지식을 적용해 본 것뿐이었다. 사람들의 반응에서 힘을 얻었다. 그 발표 이후 발표에 자신감이 생겼다. 책의 내용을 계속 적용해 보면서 어떻게 하면 더 잘 전달할 것인지 고민을 했다. 책을 통해 스피치에 대해서도 공부해 보았다. 억양, 어조, 발음, 몸짓 방법 등을 익혔다. 발표의 시간이 기다려졌고 준비 과정이 즐거웠다. 그 이후로 발표에 있어서는 늘 가장 좋은 평가를 받았다. 육군대학에서의 시험 성적은 좋지 않았다. 그렇지만 나는 나만의 강점을 찾았다는 것에 기뻤다. 그것을 강화하고자 노력하다 보니 내 강점 무엇인지 알게 되고 명확해졌다. 잘 안되는 공부와 성적에 얽매이지 않고 내 강점을 극대화하려고 노력했다.

육군대학 교육 기간 중간에 여대생들에게 독서 강연을 하게 되는 기회가 생겼다. 군인들에게 강연하거나 단체 교육을 해본 적은 많았다. 그러나 14명의 여대생은 군인들과는 정반대의 부류였다. 내 인생에서 만나기 가장 힘든 집단이었다. 그런 낯선 자리에서도 나는 걱정이 되지 않았다. 발표, 프레젠테이션에 자신감을 느낀 나는 2시간이라는 시간 동안 즐겁게 독서 강연을 했다. 강연이 끝나고 학생들에게 큰 박수를 받았다. 강연 이후에도 연락하며 독서법에 대해 안내하고 책 추천도 해주었다. 강점을 극대화하고자 노력하니 자신감도 충만해졌다.

재능기부 독서강연(우리의 미래를 이끌 여대생 14분 앞에서) 굿네이버스 강연

　인생에서 문제와 마주했을 때는 해결책을 찾는 방법으로써 책을 읽어보자. 혼자 고민하면 생각할 수 없는 것들을 책은 안내해 준다. 삶의 문제에 대한 답을 주는 책은 인생 책이 된다. 그 답을 찾고 삶에 적용하면 그것은 당신만의 지혜가 된다. 그 지혜를 발전시켜 나가면 당신의 강점과 연결된다. 그렇게 당신만이 가진 강점을 찾아갈 수 있다. 강점을 극대화하면 '나만의 무기'가 된다. 그 무기를 가지고 인생을 살아가야 한다.

앞으로의 세상은 자신만의 강점을 살리고, 자신의 색깔을 가진 사람이 승리자가 될 것이다. 남들과 똑같은 사람은 인정받지 못하는 세상이다. 세상은 빠르게 변하고 있다. 오늘의 정답이 내일의 정답이 아닐 수 있다. 남들이 말하는 삶의 정답이 얼마 못 가 오답이 될 수 있다. 그렇기에 자신만의 정답을 찾아 발전시켜야 한다. 자신의 강점을 하루라도 빨리 찾아야 한다. 강점을 찾는 데 가장 좋은 방법이 독서다.

읽기만 하는 독서에서 행동하고 실천하는 독서를 해야 한다. 그

국립중앙도서관 '도서관을 바꾸는 15분'에서 발표하는 저자

과정에서 내 강점은 서서히 고개를 든다. 강점을 발견했다면 강화하려는 노력이 필요하다. 내 강점과 관련된 책을 10권 이상 읽어보자. 공통된 조언은 내 것으로 만들자. 다른 의견이 있다면 내 생각을 기준으로 옳은 것을 선택하거나 또 다른 의견을 제시해 보자. 그 과정에서 개인의 성장이 일어난다. 세상의 누구도 따라올 수 없는 자신의 정답, 나만의 색깔이 뚜렷해질 것이다.

　인생의 정답은 스스로 만드는 것이다. 내가 만든 삶의 정답 속에서 나만의 강점을 극대화해서 인생의 무기를 만들어보자. 삶의 문제를 흘려보내지 말고 기회로 삼아보자. 문제를 해결해 줄 책을 찾아보자. 책 속의 지식을 삶에 적용해 나만의 지혜로 만들자. 그 지혜를 발전시켜 나가기 위해 계속 독서를 하자.

　발전된 지혜가 나만의 강점이 될 것이다. 그렇게 조금씩 성장해가자. 누구나 할 수 있다. 독서의 힘을 믿고 실천해 보자. 당신은 세상에서 단 하나의 존재이며 단 하나뿐인 강점이 있는 고유한 존재다. 독서를 통해 삶이 달라지는 기적과 만나기를 바란다.

05
이 시대의 모범생이 아닌 모험생이 되자

'죽은 물고기만이 물결을 따라간다.(Only dead fish go with the flow.)'

유명한 미국 속담이다. 이 문장은 많은 생각을 하게 한다.

사람은 생각하지 않으면 끌려가게 된다. 끌려가는 삶은 물결 속 죽은 물고기와 같다. 자신만의 주관이 없다면, 자신만의 가치관이 없다면, 삶의 목적이 없다면 끌려가는 인생을 살게 된다.

과거 우리나라의 교육은 하나의 정답만을 요구하는 경우가 많았다. 다양한 생각을 하지 못하는 구조였다. 남들이 정해놓은 정답과 길을 따라가는 것이 안정적이고 올바른 길이라 배웠다. 우리나라에서 창조적으로 우리나라만의 것을 개발해내지 못하는 이유다.

창조적인 생각, 끌려가지 않는 생각을 위해서 필요한 것이 독서다. 자신만의 생각을 만드는 힘을 길러주기 위해서는 독서를 해야 한다.

학창 시절 학교에서 알려준 정답을 잘 찾고 시키는 대로 잘 따르는 학생을 모범생이라 했다. 흐트러지지 않고 정도를 걸어가는, 모범이 되는 학생이라 치켜세웠다.

이제는 달라져야 한다. 세상은 날이 갈수록 빠르게 흘러가고 있다. 과거의 사람들이 만들어놓은 길은 내가 가야 할 길이 아니다. 나만의 길을 찾아야 한다. 과감한 도전, 창의적 사고, 도전하는 용기가 필요하다. 모험을 해야 한다. 모험에서 만난 장애물을 극복해 가며 성장해야 한다. 자신만의 길을 찾아 과감히 도전하고 떠나는 모험생이 되어야 한다.

책을 통해 다양한 간접경험을 한 사람들은 흔들림이 없다. 흔들릴지라도 다시 유연하게 제자리를 찾아간다. 어려운 상황을 만나도 차분히 주변을 살핀다. 자신을 되돌아보고 길을 찾아간다. 독서를 통해 여러 가지 상황을 고민해 보고, 사색을 경험해 본 이의 삶의 태도는 다르다.

나는 모범생과는 정반대의 삶을 살았다. 학창 시절 보통의 학생이 겪어보지 못한 수많은 경험을 했다. 학교에서 학생이 저지를 수 있는 대부분 사고를 친 것 같다. 그런 나를 잡아 준 것이 독서다. 독서는 과거의 삶을 되돌아보도록 반성할 수 있는 시간을 주었다.

독서를 만나지 않았다면 나는 계속 방황 속에 살았을 것이다.

독서와 만났기에 자칫 어긋날 수 있었던 과거의 내 일탈과 방황은 삶 속 좋은 경험으로 변했다. 방황하고 불만을 가진 사람들의 마음을 이해할 수 있는 넓은 마음을 갖게 해주었다. 그런 이들의 마음에 공감해 주고 올바른 길로 나아갈 수 있도록 해주는 방법을 알게 되었다. 모범생으로 살아왔다면 알 수 없었을 경험이다. 독서가 없는 삶이었다면 아직도 헤어 나오지 못했을 것이다. 독서 덕분에 불량아로 살아왔던 삶 속의 경험은 후회의 시간이 아니라 모험의 시간이 되어 나를 성장시켰다.

빠르게 변하는 세상 속에서 우리는 끊임없이 생각해야 한다. 기존의 정답이 오늘과 내일의 정답이라는 생각에서 벗어나야 한다. 새로운 생각의 눈을 떠야 한다. 올바른 지식과 정보를 통해 세상의 흐름을 읽을 수 있어야 한다.

하루에도 수없이 쏟아지는 가짜 뉴스, 자극적인 글들은 우리의 머릿속을 혼란스럽게 만든다. 집중하지 못하는 시대가 되었다. 생각할 수 있는 능력을 상실해가고 있다. 정보의 핵심을 꿰뚫어 볼 수 있는 눈, 집중해서 글을 읽고 생각할 수 있는 능력을 기를 수 있는 독서를 해야 한다.

앞으로의 세상에서 독서는 가장 큰 무기이자 힘이 될 것이다. 우리나라 국민 연평균 독서량이 1권이 되지 않는다. 이에 반해 선진국 미국의 연평균 독서량은 7권이라 한다. 우리가 미국을 앞지를 수 없는 이유다. 그 외에 선진국도 우리와 비교하면 독서량은 월등히 앞선다. 문제는 해가 갈수록 그 차이는 점점 벌어지고 있다. 우리의 문해력이 바닥으로 치닫고 있다.

우리나라 국민은 똑똑하고 좋은 머리를 가지고 있음에도 국가를 성장하게 하지 못하고 있다. 남들이 만들어놓은 쉬운 정답만을 찾는 데 길들여지고 있기 때문이다. 모험하려 들지 않는다. 제자리에 머물러 있는 세상이 되어 가고 있다.

지금 이 글을 읽고 있는 당신은 성장 가능성이 충분하다. 책을 손에 붙들고 있는 것만으로도 앞서 나가는 사람이 되어가는 시대다. 자신 있게 기쁜 마음으로 책을 읽자. 당신이 생각했던 과거의 모범생은 오늘날 세상이 원하는 인재가 아니다. 세상은 독서를 통해 새로운 것을 사고할 줄 아는 이들을 원한다. 그런 이들에게서 혁신이 일어날 것이다.

이 세상에서 이름을 날린 역사적인 인물들을 찾아보자. 인터넷 검색창에 그의 이름과 독서를 함께 쳐보자. 모두 독서광이었다고 나올 것이다. 장담컨대 모든 인물이 공통적으로 독서를 미친 듯이 했다. 성공의 비결이 너무나 명료하게 나와 있다. 성공한 사람들은 독서를 하며 그 속에서 다양한 모험을 했다. 그 모험들이 세상 밖으로 나와 세상에 없던 것들을 만들어냈다. 고대에는 한글을 만든 세종대왕, 오늘날에는 아이폰을 만든 스티브 잡스 등 수많은 역사적 인물이 그것을 증명하고 있다.

독서를 통한 성장은 당장 눈에 보이지 않는다. 오랜 시간이 걸린다. 조바심이 날 수 있다. 빠르게 결과를 만들어내기는 힘든 것이 사실이다. 그러나 결과가 나오기 시작할 때는 그 어떤 노력보다도 큰 결실이 나온다. 독서의 과정에서 여러 가지 고통, 고난을 겪게 될 것이다. 그 과정을 감사히 생각하자. 성공의 크기를 더 크게 만들어주는 고통이다. 더 큰 성장을 만들어주는 모험의 과정이다. 나 자신과 독서를 믿고 꾸준히 읽고 실천하자. 작은 성장들이 모여 당신으로 하여금 세상을 바꿀 모험생으로 이끌어 줄 것이다.

독서를 통해 모범생이 아닌 '모험생'으로 살아가자!

06

잡념, 잡담 금지! 일단 읽자

'Just do it.'

　누구나 한 번쯤 들어보았을 문장일 것이다. 유명 브랜드 〈나이키〉의 슬로건이다. 우리는 때때로 실천을 하는 데 있어 머뭇거린다. 이런저런 고민만 하다가 멈추곤 한다. 수많은 계획을 세우기만하고 정작 행동으로 옮기지 못한다. 그러다가 찾아온 인생의 좋은기회를 놓치기도 한다. 해보지도 못하고 끝난 일들에 대한 후회를얼마나 많이 해왔던가. 이제는 무작정 시작해 보는 과감한 용기를가져보자.

　실천이 잘되지 않는 이유는 무엇일까. 실패가 두렵기 때문이다. 내가 한 행동이나 계획이 생각처럼 되지 않았을 때에 대한걱정과 불안이 실천을 주저하게 만든다. 자꾸만 멈추게 만든다.

현재의 삶에서 앞으로 나아가지 못하게 붙잡는다. 이제는 그 습관을 깨야 한다.

주변에 성공한 사람들을 잘 관찰해보자. 그들의 공통점이 있다. 바로 실행력이다. '어떻게 저렇게 많은 일을 할 수 있지?', '저 사람은 나와 크게 다르지 않은데 어떻게 저런 일을 해내지?'라는 생각을 해보았을 것이다. 그들과 당신의 차이점은 실천이다. 성공한 사람들도 실패한다. 수많은 시도를 하고 실패도 했다. 그중에서 몇 가지를 성공해 낸 것이다. 그들이 시작하지 않았다면 결과는 나오지 않았을 것이다.

대부분의 사람들은 성공한 사람들의 결과만 바라볼 뿐 그들의 실패는 보지 못한다. 성공한 사람들의 특징은 실패를 실패라고 생각하지 않는다. 단지 과정이라 여긴다. 과정에서 얻은 교훈으로 다시 시작하고 실천하여 성공을 이뤄낸다.

실천도 습관이다. 머릿속에서만 생각하고 있는 것을 몸을 움직여 실천해 보자. 계획부터 세우지 말고 먼저 몸을 움직이자. 움직이지 않으면 변화도 없다. 하고 싶은 것이 있다면 당장 시작하고 그 이후에 계획을 세워보자. 그런 실천을 하나씩 해내다 보면 고민하는 시간이 줄어들 것이다. 일단 부딪혀보고 길을 찾아가는 추진력이 길러질 것이다.

독서도 마찬가지다. 어떤 책을 읽을까 하고 고민하며 시간을 보내지 말자. 일단 눈에 보이는 것부터 읽는 것이다. 책을 처음 보는 사람들은 좋은 책을 선별해서 시작하겠다는 욕심이 있다. 그러면서 이 책 저 책을 오가며 고민한다. 그 시간에 아무거나 붙들고 읽자. 읽다가 나와 맞지 않는다면 과감히 던져 버리면 된다. 세상의 모든 책이 당신에게 도움이 되지는 않는다. 그러니 일단 그냥 읽자. 좋지 못한 책을 읽을 수도 있다. 나와 맞지 않는 책이라고 느낄 수도 있다. 그 감정을 느끼는 것도 큰 경험이다. 비판력과 책을 고르는 자신만의 기준을 만들어 줄 것이다. 책을 들어 읽기 시작하지 않으면 느낄 수 없는 경험이다.

책 몇 권을 읽다 보면 문득 이런 고민이 생기는 순간이 온다.

'책을 읽고 있는데 내 삶에 큰 변화가 없네.'
'과연 독서로 내가 달라질 수 있을까?'
'내가 지금 책을 제대로 읽고 있는 것일까?'

이런 고민은 누구에게나 찾아온다. 당신만의 문제가 아니다. 독서를 해온 모든 사람의 공통점이다. 독서로 삶이 변한 사람과 그렇지 못한 사람의 차이는 여기서 생긴다. 의심하고 멈춘 사람은 제자리에 있고, 의심 없이 계속 책을 손에서 놓지 않은 사람은 성공하게 된다. 그 순간을 참고 견뎌야 한다. 고민하지 말고 그냥 읽자. 읽다 보면 나도 모르는 사이에 생각의 변화는 시작된다. 삶의 에너지가 달라진다. 삶의 목표가 생기고 목표를 찾기 위한 독서로 이어질 것이다. 더 많은 성장을 위해 독서를 이어가게 된다. 그리고 또 성장한다. 성공과 성장의 선순환이 이어질 것이다.

독서에 대해 고민하는 분들과 대화를 하다 보면 늘 마무리에 이런 대화가 오간다.

질문자 : 독서를 진짜 시작해야 하는데 말이에요.

나 : 네, 독서 진짜 좋아요. 오늘부터 시작해 보세요.

질문자 : 네, 내일부터 시간 내서 읽어볼게요.

나 : 왜 내일부터 읽으세요. 오늘, 지금부터 시작하세요.

질문자 : 아, 그게 오늘은 좀 바쁘고 책도 없어서요.

나 : 그러면 평생 못 읽어요. 당장 시작하세요. 오늘 퇴근해서 서점부터 가세요.

이런 대화를 한 사람 중 실천으로 옮긴 사람이 몇 명이나 될까. 절반도 되지 않았다. 그렇게 고민만 하다가 끝난다. 잠깐의 자극을 받았지만, 행동으로 옮기는 사람은 많지 않다. 실행력이 부족하기 때문이다.

위의 대화 속 질문자처럼 핑계만 대는 이들은 다른 분야에서도 똑같은 반응을 보인다. 운동이 좋은 건 알고 해야 한다고 생각하지만 정작 실천하지는 않는다. 운동하고 싶다 마음먹었다면 당장 운동화를 신고 나가서 걷기부터 해보자. 그렇게 고민하지 말고 몸으

오랜 독서 동지 장효준 님

로 움직여 실행해야 한다.

다시 한번 강조한다. 실천도 습관이다. 자꾸 도전하고 몸을 움직여 시작해야 습관이 된다. 독서가 좋다고 생각했다면 그냥 읽자. 고민할 시간에 한 줄이라도 읽자. 무엇부터 읽어야 할지 고민하는 잡념, 핑계의 잡담을 끝내고 그냥 읽자.

시작하지 않는 이에게 성공은 찾아오지 않는다. 의심하지 말고 시작해 보자. 이 책을 여기까지 읽은 당신이라면 반은 성공했다. 앞으로 찾아올 수많은 책이 여러분을 성공으로 이끌 것이다. 삶의 변화를 만들어 줄 것이다. 의심하지 말고 읽자.

내 소중한 독서 동지 장효준 님의 인생 슬로건으로 글을 마무리한다.

"Just do!"

07

독서는 '오지다!' 시작하자. 오늘, 지금, 당장

"오지게 맛있네!", "오지게 바쁘다!"

이 말을 들었을 때 거부감이 있었다. 30년을 살아오면서 사용하지 않던 표현이었다. 어느 순간 우리 사회에 등장한 이 말을 청소년들의 비속어라 생각했었다. 혹시나 하는 마음에 국어사전을 찾아보았다.

'오지다 : (형용사) 마음에 흡족하게 흐뭇하다. 허술한 데가 없이 알차다.'

표준어였다. 생활에서 쓰이고 있는 말들이 올바른 표현들이었다. 또 한 번 부족함을 깨닫는 순간이었다. 이 말이 왜 이슈가 되어 시작되었는지는 모른다. 다만 표준어임을 알게 된 이후부터는 나도 모르게 사용하고 있다.

군부대 강연할 기회가 생겼다. 예전에도 몇 번 해보았지만 그날은 달랐다. 200여 명의 부대원 앞에서 진행되는 시간이었다. 강연 참여 대상자를 확인했다. 80% 이상이 용사들이었다. 인원수도 많았지만, 용사들을 대상으로 한다는 생각에 고민이 커졌다. 어떻게 하면 그들에게 핵심적인 메시지를 남길 수 있을까. 짧고 쉬우면서 잊히지 않는 무언가가 필요했다. 그때 생각난 문장이 '오지다'였다.

초등학생부터 20대 초반까지 유행처럼 사용하는 이 말을 활용해 보기로 했다. 강연의 주제는 '도전'이었다. 삶에 변화를 원

9사단 군부대 강연 장면

17사단 수색대대 군부대 강연 장면

한다면 '지금, 당장!' 시작하라는 메시지를 전달하고 싶었다. 그래서 시작된 말.

'인생의 변화는 〈오. 지. 다!〉 오늘, 지금, 당장 시작해보세요.'

그날부터 난 '오지다.'를 외치고 다닌다. 첫 번째 책을 출간했을 때 사인과 함께 수차례 적어준 문장이기도 하다. 오늘, 지금, 당장 시작하는 것의 힘을 믿기 때문이다.

인생을 살면서 가슴 뛰는 일들을 만날 때가 있다. 하고 싶은 일, 꿈꿔왔던 일을 만났을 때 내 태도를 생각해 보자. 수많은 사람과 이야기를 나누어본 결론이다.

① 가슴 뛰는 일을 만나고 설렌다.
② 도전하겠다고 마음먹는다.
③ 계획을 세운다. 내일부터 해야겠다며 잠든다.
④ 1일 차, 계획을 실천해 보려 한다. 바쁜 일이 생겨 내일로 미룬다.
⑤ 2일 차, 또 다른 바쁜 일이 생겨 하루 더 미룬다.
⑥ 3일 차, 나중을 기약하며 포기한다.

가슴 뛰는 일을 만났을 때 대부분 계획을 먼저 세운다. 계획을 세우고 다음 날 실천해 보는 것은 그나마 다행이다. 계획을 세우고 다음 날 또 다른 계획을 세운다. 행동으로 옮기는 것에 주저하여 계획만 수정해간다. 가슴 뛰는 일이라는 '마음의 불꽃'은 시간이 지날수록 식어간다. 계획이 잘못되었다고 생각한다. 현실적으로 제약이 많음을 탓하며 포기한다. 이 과정이 반복된다. 결국, 아무것도 해보지 못하고 불꽃은 꺼진다.

'마음속 열정의 불꽃'을 꺼뜨리지 않는 방법은 없을까. 간단한 방법이 있다. 즉시 행동으로 옮기는 것이다. 기름을 부어주지 않는 불꽃은 사그라지기 마련이다. 뛰는 가슴은 시간이 지날수록 안정을 찾기 마련이다. 가만히 있으면 우리의 몸은 제자리로 돌아온다. 뛰는 가슴을 계속 뛰게 하려면 움직여야 한다. 계획을 오래 붙잡고 있는 습관을 버려야 한다. 계획을 세우지 말라는 것이 아니다. 계획을 세우는 데 소모하는 시간을 최소한으로 줄이고 몸을 움직여 실천해야 한다. 가슴 뛰는 일이, 열정이라는 불꽃이 나도 모르게 사그라지지 않도록 하는 것이 필요하다. 그래서 '오늘, 지금, 당장'이 중요하다.

인생을 살아오면서 얼마나 많은 계획을 세웠던가. 좋은 계획을 만들기 위해 시간을 허비하지는 않았는가. 해보지도 못한 일들로 후회만 하고, '그때 해보기라도 할걸.' 하며 과거를 한탄했던 경험이 있지 않은가.

이제는 마음을 바꾸어야 한다. 우리가 사는 세상은 하루하루 달라지고 있다. 그 시간 속에서 계획을 세우는 시간을 줄여야 한다. 행동으로 옮겨야 한다. 계획은 행동 이후에 수정해가면 된다.

독서 초보자들이 많이 하는 질문이 있다.

'어떤 책부터 읽으면 좋을까요?'

일단 읽자. 눈에 보이는 것부터 읽어보자. 책을 읽어보겠다고 마음먹었다면 인터넷으로 주문해서 하루를 기다리지 말고, 당장 내 옆에 있는 책부터 읽어보자. 마음만 먹고 1줄도 읽지 않는 이들이 너무나 많다. 그러면서 책은 읽고 싶다고 말한다. 실천도 해보지 않고 이내 포기한다. 읽고 싶은 책을 찾다가 시간을 낭비하고, 구매한 책을 기다리다 시간이 지나고, 책을 옆에 두고 나중에 봐야겠다고 생각하다가 책은 책장에 꽂혀버린다.

반드시 실천을 먼저 해보자. 실천하면 계획이 떠오르고, 계획이 떠오르면 또 다른 실천을 하게 된다. 다시 한번 강조하지만 계획 후 실천은 늦다.

무엇이라도 해보는 것이 중요하다. 실천 한번 해보지 못하고 흘려보낸 도전들이 인생에 너무나도 많다. 바쁘다는 핑계로 도전을 하루 이틀 미루면 발전이 없다.

성공한 사람들의 성공담을 쉽게 접할 수 있는 세상이다. 그들의 이야기를 들으면 가슴 설렌다. 나도 똑같이 해보면 가능할 것 같다. 그러나 정작 그들의 성공방식을 실천해 본 적은 있는가. 당장 무엇이라도 해보겠다는 마음으로 실천해 보려고 노력해야 한다.

독서를 하고 싶다면 책부터 잡자. 무엇부터 읽어야 할지 모르겠다면 주변의 아무 책이나 잡고 읽자. 그렇게라도 시작하지 않으면 독서의 시작은 없다. 한 권의 책을 모두 읽겠다는 욕심을 버려야 한다. 아무리 기억력이 좋은 사람이라도 책 한 권을 읽고 모두 기억하는 사람은 없다. 나에게 필요한 부분 한 가지를 만나 삶에서 실천하면 독서의 목표를 달성한 것임을 잊지 말자. 한 줄을 읽어도 삶에서 적용하는 것이 100권을 읽고 실천하지 않는 것보다 낫다. 고민의 시간을 최대한 줄이고 실천의 시작을 앞당겨보자.

인생의 극적인 변화는 빨리 찾아오지 않는다. 빨리 변화하고자 노력하는 이에게 빨리 찾아올 뿐이다. 짧은 시간에 찾아오는 변화는 오히려 독이 될 수 있다. 한순간 스타가 된 신인의 타락, 로또에 당첨된 사람의 불행한 결말에 대해 들어보았을 것이다. 빠른 성공과 짧은 시간의 극적인 변화를 꿈꾸지 말자. 빠른 시작을 통해 성공의 시간을 앞당겨보겠다는 마음으로 오늘, 지금, 당장 움직이자.

이 책에서 말하고자 하는 메시지는 어쩌면 이것이 전부일지도 모른다. 내 삶의 변화에 관한 이야기, 단계별 독서법을 아무리 말해주어도 시작이 없으면 소용없다. 이 책을 통해 조금이라도 가슴 뛰는 경험을 했다면, 또는 삶에서 무언가 가슴 뛰는 일과 마주하였다면 실천하자.

'인생의 변화는 오. 지. 다! 오늘, 지금, 당장 실천하자!'

08

오늘부터 여러분도 '독하군'입니다

세상에는 다양한 독서법이 있다.

이제까지 소개한 여러 독서법은 내가 만들어낸 독서법도 있고, 다른 이들에게 배운 것을 응용한 독서법도 있다. 여러 가지를 경험하다 보니 나만의 독서법이 생긴 것이다. 독서에 대해 공부하고 많은 이들에게 이야기하다 보니 나만의 브랜드도 만들게 되었다.

나는 SNS에서 독서하는 군인을 줄인 〈독하군〉으로 활동하고 있다. 심플하지만 뇌리에 박히는 애칭이다. 이런 애칭으로 불리다 보니 독서에 대한 열정이 더욱 커졌다. 군인이라는 직업에도 강한 애착이 생겼다.

당신도 자신만의 독서법을 찾자. 이 세상 모든 독서법이 당신에게 맞는 것은 아니다. 다양한 독서법을 익히고 실천해 보자. 그러면 어느 순간 당신과 맞는 독서법을 만나게 될 것이다. 나 역시 그린 독서법을 찾기 위해 노력했다.

이 책에서 이야기하는 독서법은 여러 시행착오를 거치며 쉽고, 재미있게 할 수 있는 나만의 방법을 소개한 것이다. 그 방법 모두가 당신의 성향과 일치할 수는 없다. 그중 필요한 부분, 당신과 맞는 방법을 골라 실천하면 된다. 실천을 해보며 당신만의 방식으로 변경해보기를 바란다. 다른 사람의 독서법이 당신의 독서법에 있어 정답이 아니다. 반드시 실천해 보고 당신만의 독서법을 찾기 바란다.

이 책에서는 군인이라는 내 직업을 고려하여 군인들이 부대에서도 적용 가능한 독서법을 소개했다. 이 책과 독서법을 통해 많은 '독서하는 군인'이 세상에 나오기를 바란다. 군인들이 군에서 인생의 전환점을 맞기를 바란다. 독서와 만나서 군 생활이라는 시간이 의미 있는 시간이 되었으면 한다.

내 독서문화 확산의 가장 큰 목표는 젊은이들의 성장이다. 그 모습을 본 국민들이 군에 대한 긍정적 인식을 갖기 바라는 최상위 목적이 있다. 내가 사랑하는 내 직업, 내 일터가 국민에게서 박수받는 곳이 되기를 바란다. 그러기 위해 독서하는 군인 양성에 계속 힘쓸 것이다.

〈독하군〉이라는 이름은 내가 생각해도 기발하다. 어느 날 군 선배로부터 명함 한 장을 받았다. 명함에는 '대령 000'이라고 크게 적혀있었다. 명함이 주는 무게감과 신뢰감이 있었다. 한편으로는 '대령'이라는 글자가 왠지 가깝게 생각했던 선배를 멀게 느껴지게 했다. 대령이라는, 결코 낮지 않은 계급이 주는 무게 때문이었을까. 집으로 돌아와 명함을 보며 생각에 잠겼다.

'나도 명함을 만들어야겠다. 계급 대신 다가가기 쉬운 친근한 이미지를 담아보자.'

'독하군' 퍼스널 브랜딩 로고

계급 대신에 쓸 수 있는 단어가 무엇이 있을까 고민했다. 그 순간 나를 대표할 수 있는 것은 '독서'라고 생각했다. 나만의 색깔을 가지고 살기로 했기 때문에 '독서'라는 단어를 꼭 쓰기로 했다. 그렇게 나온 표현이 '독서하는 군인'이었다. 이 단어들을 줄여보기로 한 것이 바로, 〈독하군〉이었다.

이 이름을 보고 주변 군인들이 많은 영향을 받았다. 창업경진대회를 준비하는 후배들은 '녹색 사업을 하는 군인', 〈녹하군〉을 팀명으로 했다. 따스한 글로 군인들의 미담 사례를 소개하는 정훈장교는 〈따스하군〉이라는 이름으로 글을 쓰고 있다. 그 외에도 자신의 취미를 살려 유사한 이름을 쓰고 있다. 테니스를 하는 군인 〈테하군〉, 축구를 하는 군인 〈축하군〉, 봉사하는 군인 〈봉사하군〉. 이런 재미난 이름을 만드는 군인들이 늘어가고 있다.

이런 군인들이 늘어나기를 바란다. 자신만의 색깔을 살려서 살아간다면 그만큼 자신만의 장점을 표현할 수 있다. 자신만의 고유 브랜딩은 군 생활도 능동적으로 하게 만든다. 그래서 별칭을 지을 때 나에게 동의를 구해오면 기꺼이 동의하며 함께 더 멋진 이름을 지어보자고 이야기를 나눈다.

군 계급 대신 '독서하는 군인'으로 표현한 명함

그중에서도 나는 내 별칭인 〈독하군〉을 많은 군인이 사용하기를 바란다. 군인 중에 독서를 하기 시작했다면 그날부터 그 역시 〈독하군〉이다. 독서의 양이 많건 적건 상관없다. 누구나 〈독하군〉이다.

내 목표는 〈독하군〉 1,000명을 만드는 것이다. 군인 장병 한 사람이 변하면 그 주변 사람들도 변화될 것이라 확신한다. 가장 가까이는 가족들이 그의 변화를 보고 군을 달리 생각하게 될 것이다. 친구도 달라질 것이다. 1명의 군인은 최소 4명 이상에게 영향을 미칠 것이다. 1000명이라는 숫자의 군인은 4000명 이상에게 군에 대한 긍정적 이미지를 줄 것이다. 선한 영향력이라는 것은 이럴 때 쓰는 것이 아닐까. 나를 통한 긍정적 자극이 주변을 변화되도록 만드는 일. 그런 군인들이 많아지고 군에 대한 세상의 인식이 변화하는 날을 꿈꾼다.

독하군을 모티브로 한 '녹색사업을 하는 군인', 〈녹하군〉
독서모임에서 만난 장병들과 함께 국방창업경진대회에서 최우수상 수상

당신이 군인이 아닌 일반인이라도 마찬가지다. 당신이 '독서하는 OOO'이 된다면 주변에 독서하는 이들이 늘어날 것이다. 당신으로부터 받은 자극이 그들을 독서의 길로 이끌 것이다.

독서는 혼자보다 함께 할 때 더욱 좋다. 여러분의 주변에 단 한 사람이라도 독서하는 길로 안내를 하게 된다면 대단한 일을 해낸 것이다. 혼자 하지 말고 함께 하자. 함께 성장하는 긍정적, 선한 영향력을 전달하는 사람이 되어보자.

마지막으로 이 글을 읽는 군인들에게 강조하고 싶다. 이 책의 마지막까지 함께 왔다면, 목차에서 이 챕터의 제목만 보고 읽고 있는 당신이라도, 이 책을 집어 들고 우연히 이 페이지를 읽는 당신도 '독서하는 군인', 〈독하군〉이다.

내 이름 앞에, 내 직업 앞에 '독서'라는 단어를 붙이는 삶을 살아본다면 지금까지와 다른 인생을 살게 될 것이다. 독서와 만나 인생이 변하는 기적을 만나기를 바란다. 그런 사람들을 위해 늘 함께하겠다. 언제든 당신을 기다리고 있겠다.

오늘도 난 독서와 만나 인생이 변하는 기적을 만들게 될 청춘들을 기다린다.

여러분의 밝은 미래, 성공하는 미래를 위해 〈독하군〉 최영웅이 함께하겠습니다!

삶의 변화를 원한다면, 지금 당장 실천하세요

이 책의 마지막까지 읽어 준 독자분에게 감사합니다. 마지막의 문체는 부드럽게 해보았습니다. 이 책을 끝까지 읽어주신 분들에 대한 감사의 마음과 존경의 표시라 생각해 주십시오.

이 책을 읽고 어떤 마음이 드셨을까요? 저의 이야기가, 독서법이 여러분의 가슴을 뛰게 만들었을까요? 그렇다면 저는 너무나 영광입니다. 지금의 그 감정을 잊지 마시기 바랍니다. 다만 거기서 멈춰서는 안 됩니다. 그 감정을 유지하고 기억하며, 실천으로 옮겨야 합니다.

제가 생각하는 독서의 마지막 단계는 바로 실천입니다. 삶의 변화를 가져오지 않는 독서는 단순 지식 축적에 불과합니다. 책 속 지식이 진정으로 나의 것이 되려면 삶 속에서 변화가 일어나야 합니다. 제 책에서 좋았던 문장, 감명 깊은 문장은 무엇이었을까요? 그 문장으로 돌아가 보세요. 거기에 여러분의 생각을 더해보세요. 생각이 더해졌다면 삶 속에서 어떻게 실천해 볼지 한 걸음 더 나아가 보세요. 바로 그 한 걸음이 독서의 마지막 단계입니다. 그것을 몸을 움직여 행동으로 했을 때 독서는 마무리 되는 것입니다.

저를 찾아오고 조언을 구하는 분들이 참 많았습니다. 독서를 어떻게 해야 할지, 책을 쓰려면 어떻게 해야 하는지, 좋은 습관을 만들려면 어떻게 해야 하는지 등 다양한 질문을 해주셨습니다. 처음에는 한 분 한 분 시간을 내서 친절히 설명해 주었습니다. 열심히 설명해 주고 안내해 주면 마음이 참 뿌듯하더라고요. 그러다가 어느 순간 지치게 되었습니다. 왜 그랬을까요? 제가 해준 조언을 행동으로 옮기는 사람들이 많지 않았기 때문입니다. 조금이라도 달라지는 모습을 보았다면 저의 수고로움이 전혀 헛되지 않고, 오히려 힘이 났을 것입니다. 하지만 아쉽게도 그런 경험은 많지 않았습니다. 10명 중에 1명 정도 겨우 실천을 했습니다. 그러다 보니 내 시간과 에너지를 나누는 것이 벅찬 순간이 찾아오기도 했습니다.

그럼에도 불구하고 저의 열정이 식지 않았을 수 있었던 이유는 바로 조언을 실천으로 옮기는 분들이 있었기 때문입니다. 그런 분들을 만나면 저의 에너지가 다시 생기더라고요. 그런 인연들이 제 주변에 조금씩 생기면서 서로 응원하고 지지해 주면서 지금까지 올 수 있었습니다. 지금 이 글을 읽고 있는 당신이 그런 사람이 되었으면 합니다. 책을 읽고 마음이 움직였다면 아마도 저에게 연락을 하실 겁니다. 그것은 실천의 한 부분이라 생각합니다. 어렵게 용기 내서 찾아준 마음을 져버리지는 않을 것입니다. 다만, 그 마음이 일시적인 것이 아니라 지속적이기를 바랍니다. 그것이 우리의 인연이 더욱 오래가고, 서로 성장하는 길이 될 것입니다.

독서를 통한 변화가 보이지 않아 답답할 때가 있을 것입니다. 그 이유 중 하나는 실천이 부족했기 때문일지 모릅니다. 삶 속에서 변화가 일어나고, 그 변화를 통한 성취감을 맛볼 때 비로소 독서의 기쁨을 느낄 수 있습니다. 그 기쁨과 만나는 과정은 누구도 대신해주지 않습니다. 몸을 움직여 행동으로 옮겨야 합니다. 그것은 온전히 당신의 몫입니다. 단순히 책만 읽어서는 절대 경험할 수 없습니다. 아주 작은 것이라도 실천으로 옮기세요. 그 작은 것들이 모이고 모이면 어느 순간 다른 사람이 되어 있을 것입니다.

성공한 사람들의 이야기를 많이 들어보셨을 겁니다. 그중 많은 사람들이 책에 대해 이야기합니다. 책에서 배운 것을 삶에 적용했더니 달라졌다는 것입니다. 주변 사람의 말을 듣지 않고 책이 시키는 대로 했더니 성공했다고 합니다. 바로 책을 읽고 실천했기 때문입니다. 책 속 지식을 그대로 따라 하기도 하고, 자신만의 방식으로 더 발전시켜가면서 성공의 길을 가게 된 것입니다. 책의 지식을 자신만의 지혜로 만들고 성공하게 된 것입니다. 몸을 움직여 삶을 바꾸는 실천을 한 것입니다.

저는 오늘도 책을 읽고 있습니다. 삶 속의 고민들을 해결하기 위해 책을 찾습니다. 책에 밑줄을 치고 제 생각을 적고 실천 방법을 생각합니다. 책 한 권을 다 읽지 않더라도 삶 속에 적용할 부분을 찾으면 과감히 책을 덮고 행동으로 옮기려고 합니다. 행동으로 옮긴 것이 결과물로 나타나면 그보다 즐거운 것이 없습니다. 책을 통해 또 하나를 배운 것입니다. 배움의 기쁨을 알게 되면 독서를 멈출 수가 없습니다. 여러분에게도 그런 경험이 찾아오기를 바랍니다.

책의 원고를 마무리하면서 어느덧 계절이 바뀌었습니다. 추운 겨울을 지나 봄이 찾아왔습니다. 매일 독서를 통해 새로운 지식을 얻고 경험을 하면서 쓰고 싶은 이야기들, 수정하고 싶은 것들이 많아졌습니다. 새롭게 찾아오는 책 속의 지식과 그를 통한 삶의 변화들을 책 속에 모두 담고자 한다면 끝이 없을 것입니다. 앞으로 다가올 많은 변화들과 경험들은 저의 다음 책에 담아보겠습니다. 두 번째 책에 쓰일 제 삶의 변화는 무엇일지 기대되고 설렙니다. 아직도 제가 만나보지 못한 보물 같은 책들이 많기에 미래가 기다려지고 희망이 가득합니다. 제 두 번째 책에서는 함께 성장한 당신의 이야기도 담겨있으면 좋겠습니다. 책을 읽고 실천한 당신의 성공 스토리가 또 다른 책이 될지도 모릅니다. 그 길에 제가 함께 했으면 좋겠습니다. 그렇게 되는 사람들이 많아 졌으면 좋겠습니다.

끝까지 읽어주신 당신께 진심으로 감사합니다. 오늘, 지금, 당장 실천을 통해 달라지는 당신의 삶을 응원하겠습니다. 그리고 함께 하겠습니다.